笑い論

倉本美津留

ワニブックス
PLUS新書

Ceci n'est pas une pipe.

はじめに

世界は笑いに満ちている

ルネ・マグリットをご存知でしょうか。

ベルギー出身のシュルレアリスム画家で、空中に浮かぶ巨大な岩やら、白い布で顔を覆った男女やら、不可思議な絵を残した人です。

そんな作品群のなか、画面いっぱいにどーんと、ありふれたパイプを実にシンプルに描いた作品があります。

あれ？　ふつうの絵……？

しかしよく見ると、絵の下にはフランス語でこう書いてあるのです。

Ceci n'est pas une pipe.
「これはパイプではない」

これはパイプではない。なぜなら絵だから。

なんじゃそりゃ！

この絵をはじめて見たとき、僕は心の中でツッコミを入れると同時に、「ふつうの絵にひとこと添えるだけで、こんなに違って見えるのか」と衝撃を受けました。

実はこのマグリットの作品から着想を得て、いまやバラエティ番組のド定番となった〝ある装置〟を開発したのですが、それについては後述するとして、ここで強調したいのは、笑いの種はどこにでもひそんでいる――ということです。

ときどき「最近、なにかおもしろいことある？」などと聞いてくる人がいますが、僕は声を大にして言いたい。

おもしろいことは、いつでも、どこにでもあります。

あなたの家や職場、あるいは家族や隣人の言動、高尚とされているアートのなかにさえ、おもしろポイントはいくらでも見つかります。「最近おもしろいことがない」と嘆いている人は、みずから笑いを見つけだすという、ほんのすこしのコツに気づいていないだけだと思うのです。

「笑いとは何か」
「何をどうすればおもしろくなるのか」

そのヒントに気づけば、特別な努力などしなくとも自動的に笑いの種が目に飛び込んでくるようになって、毎日がどんどんおもしろくなります。

さらに、その種を使って思いついたおもしろいことを人と共有すれば、自分以外の誰かを楽しませることもできます。

「笑い」を考えることは、人生をより楽しく豊かにしてくれるのです。

虎視眈々と、笑いのチャンスを狙って生きる

話がおもしろい人とそうではない人は、何が違うのか。

笑いをとるためにはどうすればいいのか。

アプローチはいくつか考えられますが、まずは、日ごろからおもしろいことを考えて、それをできるだけ口に出していく。その意識をもつこと、クセをつけることが大事です。

おもしろいことを言うチャンスはどこにでも転がっています。

たとえば頻繁になされる質問「血液型は何ですか?」。

そう聞かれたらふつうに答えるのではなく、たとえば「今からおでこに出すから見てくれる? たぶんAB型だったはずだけど、今はどうなってるかわからないから……」などと言って、ううん……と唸ってみせます。そしたら相手もきっと「見てもわかんないよっ」くらいは言ってくれるでしょうし、「私、そんなに目よくないし」などと上手に返してくれたら、こちらもうれしくなります。

そんなアホな会話をしてなんの意味があるのかといえば、これが結構いろいろ役に立

ちます。場がなごんだり、ふつうに受け答えをするよりも会話に広がりが生まれたり。リラックスした空気ができると、思いがけない閃きが浮かぶ可能性も上がります。

第一、おもしろくない会話より、おもしろい会話のほうがいいに決まっています。おもしろい瞬間の積み重ねが、おもしろい人生につながっているのです。

みんながサーフィンをやるなら、僕らは俳句を詠む

世の中をおもしろがりつつ、自分が世の中をおもしろがらせるという意識も重要です。

僕自身、自分でネタをつくって笑わせる側になりたいと、子どものころからずっと思って生きてきました。

誰かがつくったネタのマネではなく、オリジナルで勝負したいと強く意識するようになったきっかけは小学校低学年までさかのぼります。

そのころ僕のクラスでは、残念そうにしているやつを見かけたら、日本レコード大賞を受賞した佐良直美のヒット曲にちなんで「いいじゃないの、幸せならば〜」と声をか

けるのが流行っていました。とにかくそれさえ言っていればウケるので、誰もかれもこぞって言いたがったし、僕もその流行語を使っていました。

ところが、「いいじゃないの、幸せならば～」でウケていた僕の姿を見たクラスメイトが、ぼそりと「それって倉本がつくった言葉ちゃうやろ」と言ったのです。

その一言は僕を愕然とさせました。

クラスメイトの言うとおりです。僕は他人の言葉で笑いをとっているに過ぎなかったのです。最悪や。こんなかっこ悪いことは金輪際やめよう。今この瞬間から、自分のおもしろを発信していく。オリジナルの笑いしかやらない。流行は乗るんじゃなくて自分でつくるんだ。——そう心に誓ったのです。

それからの僕は、人がやっていないことで笑いをとることに心血を注ぎました。友だちはもちろん先生と話すときも、「いかに人と違うことを言えるか」ということばかり考えていました。

クラスのみんなが流行り言葉で盛り上がっていたら、まったく違う角度の言葉でズバッと刺して、笑いをとっていく。僕にとって、クラスメイトは観客でした。

中高生になって同じような感性の仲間ができると、笑いの表現はさらに広がりました。当時の若者のあいだではサーフィンやスキーが大ブームとなっていましたが、僕たちは「みんながやっていることに、流行っているという理由で乗っかるのはダサい。今こそ故《ふる》きを温《たず》ねて新しきを知るときや！」と、熱いお茶を飲みながら、夜通し朝まで俳句を詠む〝温故知新ごっこ〟に興じるなどしていました。

そうやって僕は、人と違うこと、スタンダードではないこと、予定調和をくずすことが笑いにつながるということを、学んできました。

放送作家となって実験的な番組を手がけているのは、そんな子ども時代の延長線にあります。

誰もがおもしろくなる装置

僕は放送作家として数々の番組制作にたずさわってきました。

お笑い番組からバラエティ番組、情報番組、ドキュメンタリー番組、音楽番組までジャンルは多岐にわたりますが、そのすべてに共通するのは「固定観念にとらわれず、今までにないものを生み出そう」という作り手としての信念です。

たとえば一九九〇年から放送された深夜番組『EXテレビ』では、上岡龍太郎さんと島田紳助さんが司会進行を務める火曜日を担当し、数々の実験的な企画に挑みました。

視聴率調査装置が備え付けられている世帯だけに向けると銘打った視聴率調査企画や、全局の新番組のうち一番早く打ち切られる番組を予想する新番組ダービーなど、「そんなもの放送できるか！」という上層部の猛反対を押し切って実現した企画も少なくありません。とにかく「前例がないことをやらなければ意味がない！」と意気込んで臨んでいました。

放送作家というと「台本を書く仕事」というイメージがあるかもしれませんが、僕の場合は少し違います。ギチギチの台本を書く代わりに、出演者が自由に遊べる場をつくります。言うなれば〝笑いを生む装置〟の開発です。予定調和におちいらない、新鮮な笑いを生み出す土壌をつくることが自分の仕事だと思っています。

そんな装置を開発するための企画の一つに『企画ばかり』という番組がありました。

これは、毎回新しいバラエティ企画を考えてゲストとともに実践し、その模様をYouTubeで発信して全世界から評価してもらおうという実験番組です。なかでも好評だったのが「クイズ！　テンポよく間違えよう」という企画です。

ふつうのクイズは問題に正解しなければいけませんが、この企画では正解を出したら失格になります。

「シンデレラが舞踏会で忘れていったものは何？」といったクイズに対して、テンポよく、しかもおもしろく間違えていかなければなりません。

問題は全部で二十問あって、間違った答えを考えるのに時間がかかりすぎてテンポが乱れたり、うっかり正解を言ってしまったら、最初の一問目からやり直し——。また同じ問題が出されますが、前回と同じ答えは使えなくて、同じ間違え方をしたらまたふりだしに戻されるという、拷問のような仕組みになっています。

固定観念を強制的に剥がしていくこの装置は、芸人だけではなく脳科学者の茂木健一郎さんや、ミュージシャンのBoseさんなど、いろいろなジャンルの人たちに挑戦してもらいました。狙いどおり、笑いのプロではない人間でも、誰がやってもおもしろくなる結果となりました。YouTubeで公開していますので、ぜひご覧になってみてください。

笑いは世界を変える

笑いのことばかり考えている僕ですが、もともとはミュージシャン志望でした。

小学五年生のときにビートルズの薫陶を受けて以来、バンドを組んだりオリジナルソングを作ったり、本気で音楽に取り組んで、実は現在でもしつこく音楽活動を続けていたりします。

音楽と笑いなんて別物じゃないかと思われるかもしれませんが、この両者には重なる部分がたくさんあります。ビートルズのプロデューサーのジョージ・マーティンはコメディ・レコードを専門にやっていた人ですし、日本の音楽史を振り返っても、クレイジーキャッツや榎本《えのもと》健一など、笑いと音楽はもともと同居していたことがわかります。

かたや冒頭で紹介したマグリット（「これはパイプではない」）のように、アートのなかにも笑いはふんだんに隠されています。

よく「戦争がない平和な世界をつくるには音楽とアートの力が必要だ」などと言われますが、音楽もアートも、優れた表現には「笑い」という感覚が重要です。つまり、根本的には「笑い」にこそ、世界を平和にする力があるのではないかと思うのです。

僕はつねづね、せっかく人間として生まれてきたからには、ほかの生命体にはできないことで自然に貢献したいと思ってきました。

人間ほど「おもしろ」を堪能できる生物はいません。笑う力は、人間の脳にだけ備わった特別な力とも言われています。

その一方で、人間は戦争というまったく笑えない悲劇も引き起こします。

私利私欲のために集団を洗脳し扇動して戦わせる行為。これも人間に備わった悲しい特徴です。そして、戦争は人間だけでなく、すべての動物・植物を巻き込んで、世界を不幸に陥れます。

人間という生き物は、おもしろみを見つけて笑うというハッピーな習性がある一方、笑いとは真逆のアンハッピーな戦争を引き起こしたりもする。そのプラスとマイナスのバランスが、今はマイナスに傾いている気がしてなりません。場合によっては戦争もやむなしと、安直に戦争を肯定する人が増えているように思えるのです。

そんな時代だからこそ、みんなでもっともっとたくさんの笑いを生み出して、バランスの軸をプラス側にもっていかなければならないのです。

何をおもしろいと思うかは十人十色で、笑いのツボは一人ひとり微妙に違います。

人はみんな、自分だけの笑いをもっています。

だから「何やそれ！　見たことも聞いたこともなくて、めちゃくちゃオリジナリティあるやん！」とおもしろがられて、誰かの心を動かす笑いを生み出す力は、きっと誰にでも備わっています。自分にしか生み出せない笑いがあるのです。その力をみんなが出せるようになって、ベクトルの異なる笑いがこの世にあふれていったら、世界平和につながるはずです。

独創的な笑いにあふれたピースフルな世界――。その実現のために、笑いの世界で仕事をしてきた自分に何ができるのかいつも考えています。

本書ではその一端をご紹介していきます。

笑い論　目次

第2章　笑いの「みつけかた」

第1章　笑いの「みかた」

『M-1グランプリ』の審査が賛否両論になる理由

二〇〇一年にはじまり、瞬く間に年末の風物詩となった漫才コンクール『M-1グランプリ』（以下M-1）――。

決勝戦が放送されるたび「〇〇のネタは圧倒的」「あの審査には納得できない」といった賛否が渦巻くのは、M-1が国民的番組に成長した証と言っていいでしょう。

自分が審査するような視点で論じるカルチャーが根づいてきた影響なのか、ときどき「漫才はどう観るべきか？」と質問されることがあります。

僕の答えは「好きに観ましょう」。漫才の観かたに当然決まりはありません。自分が観ておもしろいかどうかだけでいいと思います。それぞれのツボを一番大切に、偏っていてもプロの審査員と意見が真逆でも、自分の基準でおもしろがったらいいのです。

とはいえ、「おもしろいかどうか」という評価軸だけでは、M-1の決勝戦まで残っている芸人のネタのほとんどが「おもしろい」になってしまうかもしれません。すさまじい倍率の予選を勝ち抜いてきた漫才は、どれもこれも一定以上の水準で「おもしろい」

はずですから。

実は、単純に視聴者を笑わせるだけなら、それは芸人にとってさほどむずかしいことではありません。パターンさえ押さえておけば、そこそこの笑いはとれるのです。

よく知られているところだと、同じボケを何度も繰り返す「テンドン」や、日常によくあるできごとで共感笑いを誘う「あるある」のような定番の型のようなものもあります。

プロの世界だけではなく、学校や職場でもそうでしょう。流行っている漫才のネタやフレーズをマネしていれば、とりあえず笑いはとれる。慣れ親しんだギャグだから、みんな安心して笑ってくれるのです。

でも、それをやっているだけでは笑いは進化しません。既存のパターンを使いまわしているだけでは、そこ止まりで終わってしまいます。

僕が漫才を観るときにもっとも重視するのは、演者二人のやりとりのなかで「発明」がどれだけなされているか、という点です。このパターンははじめて見た、今までなかった、というものをどれだけ見せてくれるかを評価したいのです。

ただむずかしいのが、客席の「笑いの量」を基準にすると、新しい発明がなされている漫才は不利になりがちという点です。

今まで見たことがないものに対しては、観客もどこで笑えばいいのかわからず戸惑ってしまう。おもしろくないから笑わなかったのではなく、笑うタイミングを逃してしまっただけだとしても、結果として笑いの量はイマイチだったという結果になります。だから観客にウケたかどうかだけで審査すると、せっかくの発明が世に出ていかない危険があるのです。おもしろがり方が認知されて広がる前の段階で、世に出るチャンスが奪われてしまうことは、世の中にとって非常に残念なことです。

M-1に限らず様々なお笑い賞レースの審査を見ていると、プロの審査員の中にも、新しい漫才への理解をあまり示さない人がいることは否めません。斬新なスタイルの漫才師が登場すると、それはいったいぜんたい漫才と呼べるのか、こんなものを漫才と認めるわけにはいかないなどという意見も出ます。

もちろん、形式や伝統に沿っている優れた漫才師もたくさんいて、その腕をきちんと評価することは大切です。しかし同時に、既存の道を逸脱した「次の漫才」をきちんと評価できる目をもつことも、非常に重要だと思うのです。

もし、よくわからないからダメだとか、これまでの伝統に照らし合わせると漫才とは呼べるかわからないからとか、そんな理由で才能ある漫才師が世に出られないとしたら、審査員の責任や、その審査員を決めた制作陣の罪は大きいと言えます。

だいたい「ここがこうなっているからおもしろい」と型にはめて説明できるおもしろさなんて、腹の底から笑えるおもしろさではないと僕は思います。「何だかわからないけどたまらなくおもしろい」という衝撃をもたらしてほしいのです。

いったん終了したM-1が復活した二〇一五年、僕は一回戦からすべてのネタに目を通すことにしました。エントリーした約四〇〇〇組すべてをチェックするのは骨の折れる作業でしたが、「新しすぎるからわからない」などという理由でダイヤの原石が落とされてはたまらないと思ったのです。

ここでは、わかりやすい才能を通過させるのは他の審査員に任せました。新しすぎるがゆえに意味不明と見落とされてしまう危険のある芸人をとりこぼさないことが、一回戦に目を通す僕の役目でした。

「笑い飯と千鳥」

漫才における発明が光るコンビといえば、近年では「笑い飯」でしょう。

ボケとツッコミの役割が定まっておらず、交互に入れ替わっては、フリとボケを重ねに重ねていくスタイルは、斬新なものでした。

僕が漫才を評価する一番のポイントは「発明があるか」ですが、二番目を挙げるとすれば「演者のキャラクター」です。先人の模倣に終わらない新しさがあり、しかもその漫才に演者二人の性格や人間性が滲み出ていたら最高です。

笑い飯はまさにその両方の条件を満たしたコンビで、はじめて見たとき、審査中にもかかわらず声に出して笑って、素で楽しんでしまいました。

哲夫が細かいところをめちゃめちゃ神経質に丁寧に掘り下げるのに対して、西田幸治は返す刀でぽーんとおもしろいことを放る——。それぞれの人間性やボケのタイプが違っているからこそ、ボケとツッコミが入れ替わるという漫才のスタイルも、より生きてくるのです。

そんな「笑い飯」と親交が深い後輩芸人に「千鳥」がいます。千鳥の二人は笑い飯を尊敬しているようですが、笑い飯が笑いに対してストイックになりすぎて、自分たちがおもしろいと思うこと以外は排除するようなスタイルになっていくのを傍《はた》から見ていて、「やりすぎではないか」と感じることもあったといいます。

千鳥は、笑い飯のストイックな魂にシンパシーを感じながら、少しだけ世の中に寄り添う路線で生き残りを図り、ブレイクを果たしました。自分たちの個性を前面に打ち出しながらも社会性を大切にする芸風が、今の時代にフィットしたのでしょう。

笑い飯は千鳥の成功を大いに喜んでいるようです。この二組のコンビの関係は、とてもすてきだなと思っています。

漫才界における「発明」の歴史

お笑いに詳しい読者なら、「ボケとツッコミが入れ替わる漫才は、別に笑い飯の専売特許ではない。似たような漫才をするコンビは昔からいた」と思われたかもしれません。

たしかに笑い飯以前にも、コンビ二人の役割分担に一石投じようとした漫才師はいました。ここで少し、その歴史を振り返ってみましょう。

まず昭和の漫才黎明期においては、ボケるのはボケ役、ツッコむのはツッコミ役と、明確に分かれているのがふつうでした。戦後の上方漫才を代表する兄弟コンビ「中田ダイマル・ラケット」「夢路いとし・喜味こいし」なども、ボケとツッコミの役割分担がはっきりとしています。

その常識を最初に壊したのは、おそらく「横山やすし・西川きよし」の二人ではないかと思います。基本的にはやすしがボケてきよしがツッコむのですが、漫才中にボケとツッコミが突如交代することもあり、厳密には二人ともボケでもツッコミでもどちらでもないという斬新な芸風を確立しました。また同時代に活躍した「Wヤング」の二人も、「僕のほうもおもしろいよ」と言ってボケ合戦を繰り広げるという、笑い飯の基となるような漫才をしていました。

それが一九八〇年代の漫才ブームの時代になると、「ピンでおもしろい人と、その補助をする人」という二人組がウケるようになっていきます。「ツービート」や「島田紳助・松本竜介」、「西川のりお・上方よしお」などがその代表格で、たけし、紳助、のりおは一人でしゃべっても十分おもしろいけれど、相方がいることで話芸にリズムが生まれて、よりおもしろさが増すという形。この三組は、ボケとツッコミというより、ボケと合いの手とも言えるような組み合わせのコンビでした。

そんな時代を経て「ダウンタウン」が登場するや、漫才界はまたたく間に彼らの色に染まっていきました。漫才コンビたるもの、ボケもツッコミも両方おもしろいほうがいいに決まっていると、ダウンタウンはあらためて示したのです。

彼らの功績については第5章で詳述しますが、登場から三十年以上が経った今もなお、ダウンタウンは日本のお笑い界をリードし続けています。

このように、いつの時代も新しい笑いの発明はなされてきました。既存のスタイルを否定し、超えようとすることで日本の漫才は発展してきたのです。

地球上にこれだけの人間がいて、人類に長い歴史があることを考えれば、今まで誰一人やったことがない、まったく新しいことをやるというのはほとんど不可能に思えてきます。

それでも、笑いというクリエイティブな表現に挑戦するのであれば、挑戦すべきです。まわりのみんなと同じことをやっているだけでは突き抜けていけません。お笑いの囲いのなかではなく、もっと広い世界から新しい笑いを追求してほしいのです。

笑いの「発明」は時代から求められています。

漫才は「さらけだし芸」

コントと漫才の違いはなんでしょうか?

ざっくり言うと、芸人が話の内容だけで笑わせるのが漫才で、寸劇を演じて笑わせるのがコントです。どちらか片方だけを専門にする芸人もいれば、両方やる芸人もいます。

漫才というのは、まずボケ側が突拍子もないことを言いだして、それに対して相方が「何だそれは?」とツッコミを入れる——という構造が基本になっています。

このときツッコミは、観客に対して「ふつうはこれこれこうなのに、こいつはこんな変なことを言っていて、おかしいでしょう」とボケの意図をわかりやすく翻訳し、笑いを誘う役割を担っています。笑うポイントを教えてくれているのです。

漫才では、芸人はコントのように誰かを演じているわけではなく、あくまで芸人本人としてしゃべります。その内容にぶっ飛んだところがなければただの会話になってしまうので、芸人は自分がいかに人と違うか、ユニークな視点を持っているかをさらけ出さなければなりません。

つまり漫才とは作り物ではなく「さらけだし芸」であって、漫才がおもしろいということは、イコールしゃべっている本人たちがおもしろいということになります。

自分を個性的に見せるために、むりやり変わり者を演じることもできますが、それでは魅力的な漫才にはなりにくいのです。会話にリアリティがあるかどうかは、観ている人にはすぐわかります。

笑い飯の漫才も、同じ内容をほかの人間がやってもおもしろくなりません。あれは、哲夫が言いそうなことを哲夫が言い、西田が言いそうなことを西田が言うからおもしろいのです。

先に僕が漫才師のキャラクターを重視すると述べたのも、同じ理由からです。

二人のやりとりの行間から、本人たちの人間性がにじみ出てくるからおもしろい。それをあまり重要視していない漫才師もいますが、やはり大切にするべきポイントです。己の人間性をにじみ出せ、と。裸になって腹を見せ、自分のダサいところ、人におかしいと思われているところをさらけだすことができたら、漫才がさらにおもしろくなっていって、お茶の間に愛される漫才師になれるのです。

対するコントは、基本的に役柄を演じるものです。コントは自分ではない人間になるのが前提の、いわば役者の世界に近いところがあります。

僕も若いころ大阪の深夜コント番組の台本をガンガン量産していた時期がありました。モンティ・パイソンを超えてやるという意気込みで、それまでにない新しいコントのパターンを模索し続けていました。その台本のおもしろさを理解してくれる役者にできるだけ忠実に演じてもらって、名作も何本か生まれました。

ただ、本当の傑作コントは、台本に忠実ではないという面もあります。

『ひょうきん族』しかり『ごっつええ感じ』しかり。芸人は台本をそのまま演じているわけではなく、アドリブをふんだんに盛り込んでいます。結局のところコントがおもしろくなるかどうかは、いかに台本が練られているかというより、演者たち自身の発想の豊かさに拠《よ》るところが大きいのです。

漫才ほど素の自分に近い部分をさらけだす必要はなくとも、芸人の人柄やキャラクターは、コントでもやはり大切だと言えます。

コンビにあってピン芸人にないもの

漫才やコントの完成度に注目するなら、コンビよりも「ピン」のほうが有利という考え方もできるでしょう。すべてを一人で表現するので、相方と呼吸が合わないといった調子の波がなく、イメージどおりの笑いをつくりあげることができるからです。

しかしコンビは、どちらかの思い通りにならないところ、コントロールしきれないところが、実は利点なのです。漫才は、一〇〇点をめざして一〇〇点を超えていってしまうようなことがあります。

二人でやる漫才には予定調和を自然にくずせる幅があります。

流れを決めつつも、ディテールまで完璧に詰めきらない状態で舞台に上がることも多い漫才。そうしておくことで、思いつきで急にアドリブを入れる余地が生まれるのです。舞台上ではじめて生まれる展開に、芸人も客も同時におもしろがるという、とんでもないリアリティが発生したりします。

相方の動きを計算しつくすことができないことで限界を打ち破っていく。時として偶然の作用も味方にして爆発的な笑いを生むのです。

「立川志の輔」という究極

ピン芸はシステム的に一〇〇点を超えていきにくいというような話をしましたが、いまの日本には奇跡と呼んでいい唯一無二の存在があります。

落語家の立川志の輔さんです。

語りの技術、新作のオリジナリティとクオリティ、間の取り方、空気の作り方などなど、すべてが高次元です。たった一人で座布団の上に座っているだけなのに、何人にも、何十人にも、何百人にも、何万人にも見えてくるあの世界観。志の輔さんは多重人格どころではない、メタ落語家と言えます。

はじめて「志の輔らくご」を観たのは、独演会ではなく、ゲスト出演していたイベントでした。志の輔さん目当てではなく、たまたま観ることになったのです。一瞬で完全にノックアウトされてしまいました。

そのとき観たのは「みどりの窓口」という創作落語だったのですが、こんなにおもしろいものがあるのか！　と愕然としました。それまで「志の輔らくご」を知らずに、笑いを生業《なりわい》にしてきたことが恥ずかしくなるほどでした。

こんなことがありました。ＧＩＮＺＡ ＳＩＸの中にある観世能楽堂のこけら落とし公演のときです。演目も終盤にかかったいい場面。志の輔さんが扇子をぽーんと飛ばしてしまうハプニングが起こりました。大きな弧を描いて、舞台にしつらえられた高座の外に、ことりと音を立てて扇子が着地しました。

いったいこのあと、どうなるのか。盛り上がっている場面、このまま落語を続けるのか。一瞬の間のあと、絶妙なタイミングで志の輔さんは言いました。

「みなさんも気になりますよね？」

そうくるか、と思いました。

志の輔さんは、さらに続けて「こんなことはじめてですよ」と言う。

この一言で、お客さんはもう、こんな貴重なハプニングに立ち会えたなんて！　と沸きます。失敗が笑いともてなしに転じた瞬間でした。

扇子を飛ばしてしまった瞬間から、どうするのが正解なのかということを数秒で考えて、最高の解を導き出したのです。

志の輔さんはピン芸人でありながら、予定調和におちいることがない人です。

落語という文化の総論とは切り離して、「立川志の輔」という笑いについて考えるのですが、分析はできても解明はできません。究極の芸だと思います。

「ピン芸とは、落語をいかにほかの表現でやるか、ということなのかもしれません」とは、以前二人で芸の話をしているときに、バカリズムの口からこぼれた言葉です。

笑いの達人たち

予定調和を壊して驚きを与えることは、人を笑わせるテクニックの中でも重要です。

一般的には、コンビ芸のほうが相方の動きを読めない分だけ驚きが生まれやすいのですが、立川志の輔さんはピンでありながら、それを忘れさせる技と才能によって驚きを生み続ける稀有な芸人といえます。

漫才やコントの達人といわれる大御所芸人たちも、観客を驚かせることの大切さを知っているからでしょう、いつも同じようなネタをやっているようでいて少しずつ変えています。お約束もありますが、アレンジも利かせているのです。

たとえば中田カウス・ボタンの二人は、結成五〇年にもなるコンビでありながら、いまだに新鮮味があります。それは、この二人がほとんど打ち合わせすることなく舞台に立っているからではないかと思います。

相方がどんなふうにボケるのか、だいたいはわかっているけれど完全に把握しているわけではない。カウスさんが時空を超えた突拍子もないボケをしかけてきたとき、ボタンさんは「こいつは何を言っているんだ」と心の底から驚きあきれながらツッコめるのだと思います。その驚きがリアリティを伴って観客に伝わるから、笑いになるのです。

台本どおりにいかないむちゃくちゃ加減がおもしろい芸人といえば、西川のりおさんです。昔から予定調和を嫌う漫才をする人でしたが、最近さらにむちゃくちゃぶりに拍車がかかって最高です。

明石家さんまさん、ビートたけしさんも、台本どおりにやろうという気がさらさらなく、アドリブが得意な芸人です。真っ当な人たちがあつらえた枠組みを、本人たちも本番まで予想していなかったような笑いで破壊していく様は爽快です。大胆な悪ふざけの活力が、電波を通してお茶の間に広がっていくイメージがあります。彼らが共演していた『オレたちひょうきん族』が、そもそもそういう番組でした。

ひょうきん族の裏番組は、綿密に計算された台本で笑いをとるザ・ドリフターズの『8時だョ！　全員集合』でした。後発のひょうきん族は正攻法では勝てないと考え、芸人がもつパワーに頼ろうと、彼らの人間としてのおもしろさに勝負をゆだねました。

そのため台本も最小限しか用意せず、環境だけ整えて、あとは芸人たちに自由に動いてもらったのです。

天才ジャズミュージシャンが集まると、打ち合わせなどしなくても自然と絶妙なセッションができますが、ひょうきん族の制作現場には、まさにそんな雰囲気がただよっていたのだと思います。

「あるある」より「なしなし」が見たい

最近のテレビのお笑いを見ていて思うのは、「あるあるネタ」が多いということです。多いどころか、そればっかりと言っても過言ではありません。

あるあるネタとは、日常的に誰もが目にするよくある現象や行動を取り上げて、「あるある」という観客の共感を呼んで笑いにつなげる手法です。

あるあるネタが悪いとはまったく思いませんし、もちろん感心するようなネタもあるのですが、テレビのお笑いがそれ一色になってしまうのはどうかなと思うのです。

「あるある」の笑いとは「わかるわかる」という共感の笑いですから、必然的に、多くの人が見たことがある、聞いたことがある内容になります。表現の仕方などで独自性を発揮する余地があるとはいえ、そこから新しいものは生まれにくいのです。

演じるほうも観るほうも安心感があるので「あるあるネタ」はニーズがある。それはそれでわかりますが、共感笑いに頼らない「なしなし」を、やはり僕は観たいのです。それは「なしなし」で語られるのは、アホかお前、そんなことあるかいなとツッコみたくなるような内容です。

そんな話はまわりを見渡しても転がっているわけではないので、「なしなし」のネタをつくるのは「あるある」よりも大変なのですが、ここを開拓していかなければネタはいつか枯渇してしまいます。

「なしなし」はアイデア次第で無尽蔵につくれるし、それが世の中に受け入れられて定番になれば、やがて「あるある」に化けてくれる可能性もあります。

最近は何となく「あるある」が主流の空気があるので、「なしなし」に挑む人は二重三重に壁があるように感じるかもしれませんが、やる価値は十分にあります。

なぜなら笑いというのは、先にも述べたように「何だかわからないけれどおもしろい」というのが一番おもしろいからです。それはまさに「なしなし」でしか到達しえない領域であって、「あるある」のように出所が確かで説明可能なネタでは太刀打ちができないのです。

「あるある」か「なしなし」かという問題にかぎらず、同時代の人と同じことばかりやっていては、笑いのバリエーションは増えていきません。スタンダードの種類を増やしていくためには、最初はノンスタンダードをやるしかないのです。

僕はそこに挑む人を高く評価したいし、それまでぱっとしなかった人がいきなりおもしろ人間になるチャンスは、そこにこそあると思っています。

第2章　笑いの「みつけかた」

語彙の「彙」って何?

先日、『語彙力がないまま社会人になってしまった人へ』という本を見ました。

その表紙を見てまっさきに思ったのは「そういえば、語彙の〝彙〟って何やろう?」ということでした。なんだか小難しい漢字で、語彙以外の言葉で使われているのを見たことがありません。

こんな意味かな、あんな意味かなと想像しつつ調べてみると、答えは意外なものでした。六十年近く生きてきて何度も目にしているはずの字なのに、全然知らなかった。漢字に詳しい人には常識なのかもしれませんが、僕は意表を突かれました。

彙の訓読みを、みなさんはご存知ですか?

この一文字で動物の名前をあらわします。

この形で動物の名前――。あなたは何を想像しますか。

僕は、正解を知った瞬間ちょっと笑ってしまいました。新しいものを発見したときの感動もまた笑いになるのです。

答えは、ハリネズミでした。

語彙の彙がハリネズミ。

何じゃそりゃ、と思いませんか。

「語ハリネズミ力」と書いて「どれだけ言葉を知っているか」という意味になるなんて、アホすぎておもしろいではないですか。

語彙という言葉が先にあって、そこからハリネズミという訓読みができたのか、語彙の彙にハリネズミの字を当てたのか、どちらが先かは知りません。どういった経緯でこの言葉が生まれたのか、いつ、誰が考えたのかなど、掘り下げて調べてみたら、もっともっとおもしろい発見がありそうです。

このようなスタンスで生きていると、日常のものすべてがおもしろくなります。これは何だろうと疑問をもつこと、当たり前を当たり前ではないように見つめることが笑いのスタートなのです。

何だろうと思って調べた結果を、こんどは第三者に伝えてみると、おもしろさはさらに広がります。

僕が今ここでやったように、すぐには正解を言わず、相手にも考えてもらう。おもしろいことを考えるチャンスを共有して、相手がアホな回答をしてくれたら、自分も相手も笑って楽しむ。正解を競い合うというよりも、大喜利のように「間違っているけど、そっちのほうが笑えるね」という感覚で会話を楽しんでほしいと思います。

ちなみに『語彙力がないまま社会人になってしまった人へ』という本を手がけた編集者（本書の編集者）は、彙の意味を知りませんでした。そのタイトルの漢字の意味を知らずに語彙力の本を作っていたというのもちょっと笑える話で、日常の中でこんなおもしろさに出会えると、僕はなんだか得した気分になるのです。

犬の散歩も、よく考えたらかなり変

あなたも身の回りのものごとに対して「こんなのふつうだ、当たり前だ」というフィルターを外し、新鮮な気持ちで見つめなおしてみてください。よく考えたら変だなあ、シュールだなあという例はいくらでも見つかります。

たとえば、犬に服を着せて散歩している光景をよく見かけます。服は、見られたら恥ずかしい場所を隠すために着るのが起源ではないでしょうか。ところが犬は服を着させられながらも、公共の場で肛門を見せまくりながら歩いています。服を着ているのに肛門は丸見え。むしろ洋服で着飾っているぶん、肛門が際立ってさえいます。

服の概念からすると、まったくもってへんてこな話です。

リモコンって何だろう

僕たちが当たり前のように使っているリモコン類も、よくよく考えるとおかしなことになっています。

テレビ、ビデオ、音楽プレーヤー、エアコン、加湿機と、今はとにかく何にでもリモコンがついているから、どうしてもリモコンの数が増えます。そして、形や色が大体似ていてどれが何のリモコンなのか判別しにくい状態になってしまいます。しかもそのリモコン自体にボタンがありすぎで、もう何が何だかという感じです。

そんな小憎らしいリモコンですが、必需品なので、見当たらなくなったり、利かなくなったりすると大変困ります。リモコンがダメなら本体でどうにかしようと思っても、いつもリモコンで済ませているから、電源の場所さえわかりません。

もともとは本体のボタンを操作すればできたことを、いちいち本体のところまで行くのが面倒だから、遠いところからでも操作できるように生み出されたのがリモコンのはずなのに、今や本体の近くへ行ってもどこを触っていいかわからない……。というか、近くからでもリモコンがなければ操作できないようになっていたりする。リモコンってなんだっけ、と思わずにはいられません。

狭い場所にいるときは、いよいよリモコンの意味がわからなくなります。手を伸ばせば本体に届く距離にいるのに、至近距離でリモコンを使う。

わりとよくある状況だと思いますが、その不便さ、滑稽さ、完全に文明の利器のボケに翻弄されています。

諸説あるなら、全部ウソの可能性

学校で習うことも、今思えばおかしなことばかりでした。

たとえば、日本史の教科書。

日本文化の歴史は縄文時代からスタートするわけですが、一万年以上も続いた縄文時代の深みを教科書から感じることはできません。縄文弥生とセットのように扱われて、教科書で習うのはほんの数ページです。

そんな教科書が堂々とした態度でいるのも、よく考えたらおもしろい。

僕が教科書を作るなら、「まだわからないことが多いけれど、だからこそロマンがあるよね。ぜひ君たちが自由に調べてきて埋めてみてね」とメッセージを添えて白紙の数ページを冒頭に設けると思います。

教科書にかぎらず歴史を扱う本というのは相当いいかげんで、昔の出来事や言葉の語源などには、たいてい「諸説あります」という但し書きがついています。

諸説あるということは、どれかは嘘ということになります。もしかしたらすべてが嘘かもしれない。実は堂々と嘘を教えていたりするのです。

僕はそんな本に出会うたびに、「諸説あります」で締めるのではなく、「諸説ありますが、あなたはどれが本当だと思いますか」とか「これ以外にも説があれば教えてください」とか、そんな締めがあってもいいのになあと思います。

まじめなラジオも笑いのネタ

ここまで見てきたように、笑いは「おもしろいですよ」という顔をしたものだけではなく、まじめぶった、賢そうな、高尚そうなもののなかに見つかることも多々あります。

先日たまたま車の運転中にラジオから航空力学か何かを学ぶための放送が流れてきたのですが、聴いていて笑ってしまいました。

なにしろ日本語なのに聞いたことがない用語や公式が、「当然わかっていますよね?」と言わんばかりに次々と出てきて、どんどん講義が進んでいってしまいます。助詞以外、ほとんど意味がわからない。

「誰やこのおっさん。

何のことしゃべっとんねん。全然わからんわ。

あ、その言葉また出てきた。いや、だからそれはなんやねん⁉」

——と、聴きながらツッコミが止まりませんでした。

こうした態度は、まじめにやっている人を茶化そうというのではなく、むしろ専門外のちんぷんかんぷんな話を受け入れるためのステップだと思っています。

さっぱりわからないからと最初から拒絶するのではなく、聞いたことがないものこそおもしろいという発想で耳を傾けて、まずは一回笑ってみる。そこから本来のテーマに興味が広がっていくことも大いにありえると思うのです。

ダリはいらんものを描く天才

フジテレビで放送した『世界がかわるバラエティー「アーホ!」』は、難解といわれる現代アートをボケととらえ、「何でやねん!」とツッコミを入れることで、アートの

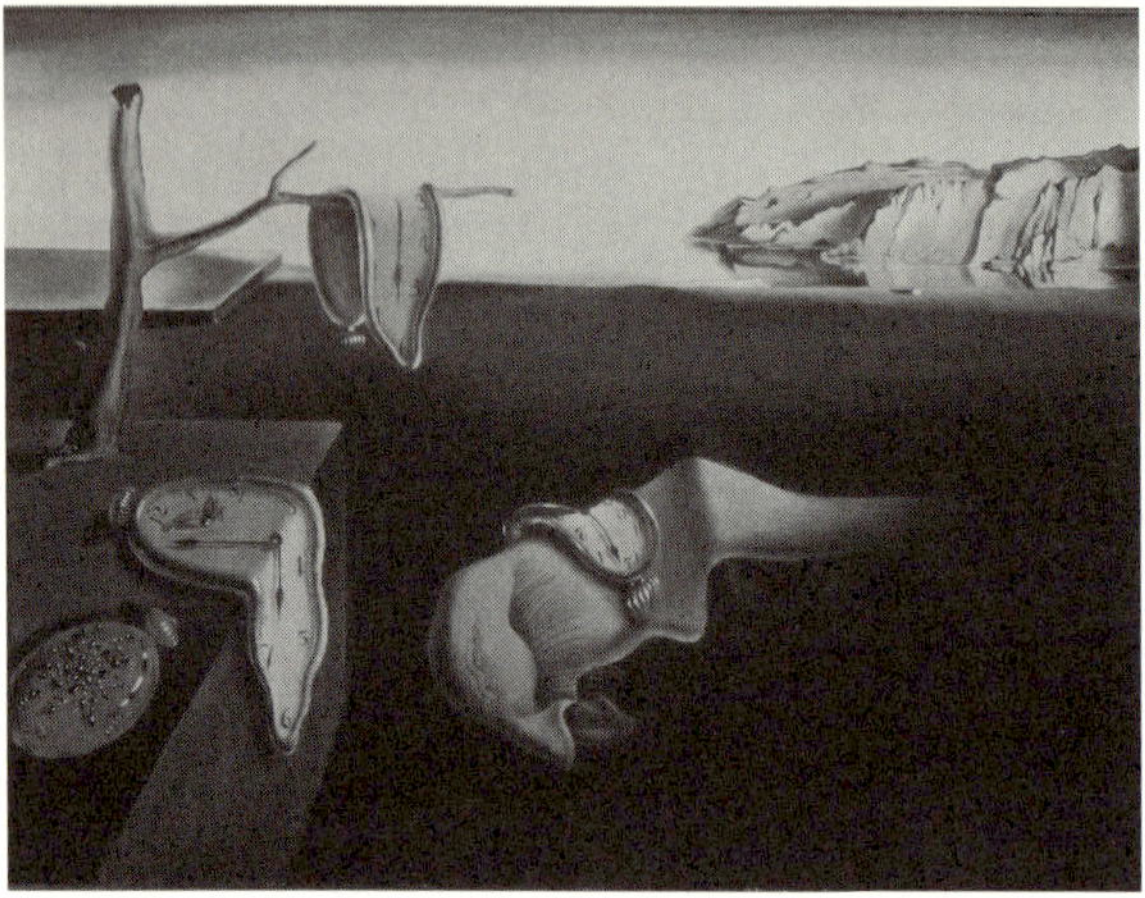

▲『記憶の固執』／サルバドール・ダリ

本質にわかりやすくアプローチした番組です。

番組では、消しゴムのカスで立体作品を作るアーティスト、スナックのうまい棒で仏を彫るアーティストなど、おもしろい作品をつくっている若手に多く出演してもらっています。しかし、ツッコミ方がわかりやすい現代アートだけではなく、教科書に載っているような権威あるアート作品だって同じような気軽さで楽しむことができます。

たとえば僕が好きなシュルレアリスム作家、溶けた時計の絵（上参照）で有名なサルバドール・ダリの作品なんて、笑

▲『燃えるキリン』／サルバドール・ダリ

わそうとしているとしか思えません。

ツッコめるものならツッコんでみろという挑発的なボケをやったら、誰もツッコまなかった。だからもう開き直って「俺は天才だ」と自称するようになった。ダリはそんな顛末まで見通したうえで、果敢にボケていたような気がするのです。

専門家に言わせれば、一つひとつに深い意味があるのでしょう。でも『燃えるキリン』（上参照）を見て、何キリン燃やしとんねんとひと笑いするという楽しみ方があってもいいではないですか。いろいろ言われている意味はぜんぶ後付けで、ダリはただキリンの首が燃えてたらおもろいなと思って燃やしてみた、という解釈だってアリだと思います（本当にそうかもしれません）。

ほかにもダリは「この絵のここに、これ必要か？」とツッコみたくなる作品も多く描いています。これまた専門家に聞けば、宗教的な背景が云々などといった答えが返ってくるのでしょうが、まずは、

「ダリ、またここにこんないらんもんを描いて、アホちゃうか」

そんなふうにツッコんで笑って、それから専門家の見解を聞くほうが楽しいと思うのです。

ピップエレキバンで人格が変わる？

テレビに出る芸人はたくさんのおもしろエピソードをもっていますが、身近な人だって負けてはいないはずです。本人たちはふつうだと思っているようなことでも、見方によっては「おもろいやん！」となる話はたくさんあります。

たとえば僕の父——。

父はもともと頭痛持ちで、おまけに夜勤が多い仕事をしていたこともあって、日中は寝てばかり。子どもといっしょに遊ぶようなことはほとんどない人でした。少なくとも僕が一緒に住んでいたころはそうでした。

ところが僕が親元を離れてしばらく経ったころ、何かの用事で実家に電話をかけると、父が出て、異様に明るい受け答えをする。おやじはこんなテンションの高い人間ではなかったのにと驚きました。

今になって考えると、父には躁鬱の気があって、ずっと鬱だった半生が、このころ躁に切り替わったということなのでしょう。でも当時はそんなことはわからないので、母に何があったのかとたずねると、「ピップエレキバンのせいなのよ」と予想外の答えが返ってきました。

「父ちゃんね、頭痛をやわらげるために前々からようピップエレキバンを貼っとったんじゃけど、あるとき首の後ろの方に三角形状に3つ貼ってみたら、頭の霧がすっきり全部晴れたらしいんよ。それから人が変わったようになってねえ。今、その3つの場所を忘れんようにってマジックで印付けとるんよ」

何じゃそりゃ。

ピップエレキバンで人格が変わるなんて、そんなことあるか?

しかしながら、それは聞けば聞くほど味わい深い話でした。

ピップエレキバンのみで頭痛を治そうという発想も、絶妙な三角形を発見したことも、マジックで印を付けているのも、実におもしろい。やるなおやじ、と思いました。

それからしばらくして久しぶりに帰省すると、自宅が大改造されていました。柱に三面鏡みたいなものが取り付けられていたり、変な棚ができていたり、あちこちに紐が垂れ下がっていて、引っ張ると家具が自動で動く仕掛けができていたり……。

それらはすべて父が捨てられていた物を拾ってきて自分で作ったものだというのです。まるで発明家が住む家のようになっていて、おやじにこんなクリエイティブな一面があったのかと、またしても驚かされました。ピップエレキバン、すっげー。

その後も躁状態の父はどんどんエネルギッシュになっていき、今度は捨てられている自転車を拾ってきては修理し、近所の幼稚園や小学校に寄付する活動を始めました。最初は喜ばれたようですが、だいたい行き渡ると、もういいです、結構です、本当に充分ですからと断られるようになり、それでも父は自転車を直し続けて、僕が行ったときには社宅の空きスペースに修理した自転車が文字通り山積みになっていました。

どんだけ直してんねーん！

僕は驚き、笑いました。

父は大まじめで笑わせるつもりなんて全然ないのですが、そのとんでもないエネルギーの使い方がめちゃめちゃおもしろいのです。

父のことを変人だと思う人もいるでしょう。

でも父の行動はあくまで善意からきているものだったから、僕は安心してそれをおもしろがることができました。大まじめで天然な言動に笑いを見出し、ツッコむことで、父は単なる変人ではなくおもしろい人になったのです。

自己ツッコミで、失敗を笑い話に変える

中学生のころ付き合いはじめたばかりの彼女を家に招待したときのことです。

母親が気を利かせてお盆に飲み物をのせて持ってきてくれたので、それを飲みながらしばらく自分の部屋でしゃべっていました。僕は付き合いたての彼女にいいところを見せたくて、夢中で話をしていました。

そろそろ外に行こう、ということになり、彼女と一緒に家を出ました。その間もしゃべり続け、家から一〇〇メートルも離れたころでしょうか。

気が付きました。

飲み終わったコップをのせたお盆を運びながら外を歩いていたことに――。

自分で笑ってしまいました。彼女の前でかっこつけようとするあまり、めちゃくちゃかっこ悪いことになってしまったというエピソードです。思春期まっさかりの男子にとってはなかなかキツい事件だったのですが、「どんだけ一生懸命やねん！」と自分で自分にツッコミを入れることで、失敗談を笑い話に変えることができました。笑いには、

そんな力もあるのです。

見るものすべてが新鮮になる「飛・常識」な視点

ここまで見てきたように、僕たちの周囲にはおもしろいモノやコトがたくさんひそんでいます。そんな笑いの種を見つけるポイントは、当たり前を当たり前と思わず、ものの見方や考え方を少しだけ変えてみることです。

なかなか見つからないという方は、コツをつかむために「アイウエオ順」でキーワードを出して練習してみてはどうでしょうか。

たとえば「ア」は「赤ちゃん」の「ア」。

「赤ちゃん」にまつわることで、当たり前だと思われているけれど、よく考えたらおかしいことはないかと思いを巡らせます。

すると、赤ちゃんが生まれたときによく手形と足形を取りますが、なぜあんなことをするのか、よく考えたら変だな……という発見があります。

そして次に、それがありなら、こんなこともありなのではないかと発想します。

どうせなら手と足だけではなく全身に墨をつけて形を残しておいたほうがいいのではないか。魚拓のように。称してベビ拓。

……という感じです。

よくわからないけれど昔から続いているならわしのようなものは、あらためて考えてみると不思議なことだらけです。ですからそのあたりに照準を向けるのもよいでしょう。

歳時記という切り口で考えてみるのもおすすめです。

たとえば、お正月——。

多くの地方では鏡餅の上にダイダイをのせますが、そういえば、なぜダイダイなのか。別にダイダイでなくても好きな果物をのせればいいじゃないかと、鏡餅にリンゴをのっけてみる。それだけで新鮮でおもしろい画《え》になります。

いやいや、果物ではなくもっと別な食べ物を、なんなら食べ物ではなく無機物を——と想像で遊ぶのに飽きてきたら、ダイダイの由来を調べてみます。すると、ダイダイには先祖〝代々〟栄えますようにという願いが込められていることがわかります。

ダジャレかいな。

そうです。日本国民が神妙に飾っているダイダイも、もとをただせば誰かが言い出したダジャレからはじまっていて、それがいつの間にか日本の伝統文化になっていた。最初はダジャレだったのに、今では誰もそんなことを気にせずにありがたがっているなんて、それもまたおもしろい話ではありませんか。

ダジャレでいいのなら、ダイダイよりもっとふさわしいものが見つかるかもしれません。

たとえば、家にまだ中学生くらいの男の子がいて、親としてはまだしばらくは童貞でいてほしいと思っているなら、今年も息子がチェリーボーイでありますようにという願いを込めて、鏡餅にサクランボをのせてみる。やがて筆おろしをしてもいい年齢に差し掛かったら、サクランボをやめて別の果物に変更する。そんなことでもいいはずです。

このように身の回りの常識を少しずらしてみるだけで、何これと言いたくなるようなおもしろ空間ができあがります。

常識の対語である「非常識」は、ほとんどの場合、悪い意味で使われます。非常識なことをすればそれだけで非難されます。

しかし、犯罪になるような非常識は論外として、常識からはずれることすべてがダメではないはずです。むしろ、常識からはずれなければ見えないこと、なしえないこともたくさんあるはずです。

だから僕は「飛常識」という言い方を考えました。

常識に非《あら》ずではなく、常識を飛び越えて、自由な発想でおもしろいものを創り出す。クリエイティブな笑いは、そんな飛常識な視点からこそ生まれるのです。

コレクターではなくインフルエンサーに

日常のなかに笑いの種が見つかるようになると、毎日が楽しくなります。けれども、それを自分だけの楽しみにはしないでください。笑いの見つけ方がわかったら、次のステップとして、見つけた笑いを発信して広めてほしいのです。わかっている人がインフルエンサーにならないと、世界は変わらないからです。

人は、好きなものができても誰かに伝えることなく自分のなかだけにしまい込んでしまいがちです。そうしたコレクター的な行為は、お金持ちが有名な絵画を買って自宅に閉じ込めてしまうのと同じで、非常にダサい。優れた絵画はみんなで楽しめるようにするべきだし、おもしろいネタはみんなに話すべきなのです。

ビートルズに衝撃を受けた小学五年生の僕は、友だちがそのすごさに気づいていないことを知ると、みんなに教えなければ！　とダビングしたカセットテープを貸しまくっていました。それも、こいつならこういう順番で曲を聴いたら好きになるだろうと考えながら、相手の個性に応じて一本一本構成していました。誰に頼まれたわけでもないのに、勝手にプロモーション活動をしていたのです。その性格は今も変わりません。

立川志の輔さんに衝撃を受けてからは、そのすごさを教えたくてしょうがない。ぜひライブで観てよと、まだ気づいていないみんなに伝えてまわりたくてしかたがない。でも、ライブチケットは毎回即完で、なかなか手に入りません。すごさを伝えてもなかなか実際に見てもらえない、もどかしいハードルがあります。

しかし、実際に会場へ行くとちらほら空席が見つかることもあります。僕はそのたびに残念な気持ちになります。用事ができてライブに行けなくなったなら、「かわりに行ってよ」と友人知人にチケットをプレゼントしてあげてほしい。インフルエンサーになるとはそういうことです。

あなたが見つけたおもしろいネタ、おもしろい生き方、おもしろい芸人、何でもかまいません。まわりの人にも「これおもしろいよ」と伝えてみてください。自分のおもしろ財産を誰にも渡したくない、と守りに入ってしまったら、さみしいだけです。あなたが見つけた笑いの種が、花開いてやがて世界中を楽しませることになるかもしれないのです。

では、日常のなかで見つけた笑いを広めるとはどういうことなのか?

それが次章のテーマである、笑いを「つくる」ということです。

あなたが見つけた笑いの種を芽吹かせて、世界に笑顔を増やしましょう。

第3章　笑いの「つくりかた」

すべては疑問をもつことからはじまる

笑いとは何かを知り、身近なモノやコトやヒトにおもしろさを見出せるようになったら、次はいよいよ笑いをつくる番です。

僕は放送作家として人を笑わせることを仕事にしていますが、まずはそうしたメディアの世界の話ではなく、日常生活のなかで笑いをつくる方法を考えてみましょう。

第2章でも述べたように、笑いというのは「何だろう?」と疑問をもつことからはじまります。

「これって本当にこれでいいの?」
「よく考えたら、あれって何なの?」
「みんな、何でそんなことするの?」

そんなふうに、身の回りのあらゆること、特にみんなが当たり前だと思っているものごとを、当たり前ではないように見るのです。

ふとした瞬間によぎる違和感を見過ごさなければ、そこには笑いにつながる発見があるはずです。

笑いの種を見つけたら、次に、そのおもしろさをどう表現するかを考えましょう。

隣にいる人にしゃべるのか、文字にしてSNSで発信するのか。言葉はどう選ぶのか、どういう順番で伝えるかなど、いくつもの選択肢の中からもっともふさわしい方法を選びます。

閃きをどう伝えるかというのは、笑いをつくるうえでもっとも重要な要素なので、本章で順番に解説していきます。

ボケは世界を救う

笑いの表現は、大きくボケ路線とツッコミ路線に分けることができます。

どちらを選ぶかは自由ですが、今の世の中においては圧倒的にボケる人が少なくなっているので、できれば果敢にボケていってもらいたいです。

プロの芸人でもない一般の人が、お金がもらえるわけでもないのに、人を楽しませるためだけにアホになる——。それはとても尊く愛のある行為だと思います。

道化役なんて損ばかりだと思う人もいるでしょうが、それは違います。自分がアホになることで目の前の相手を楽しませ、気持ちをプラスにしてあげられるなんて、すばらしいではないですか。

僕はいろんな意味でアホが好きです。アホはすてきだと思います。

人間は学校の成績を上げるための勉強ばかりしていると視野が狭くなってしまいがちです。核兵器を開発した人は勉強がとてもできた人です。高等数学を駆使して一瞬ですべてを消し去ってしまう最悪な兵器をこの世に生み出しました。難しい数学ができるのに足し算引き算ができなくなっている。勉強ができすぎる人にはそういうところもあります。

その点、アホはいい。アホを買って出てくれるボケ役の人は、世界平和に貢献しているといってもいいくらいです。

もちろんツッコミも大切です。

いくらボケ役ががんばってアホを演じても、ほったらかしにされたら本当に単なるアホになってしまいます。僕の父だって、ツッコミが入らなければただの変人です。ボケはツッコミがいてはじめて成立するのです。愛あるツッコミが必ず必要なのです。

だから、いきなりボケるのはちょっと怖いという人は、まずは誰かのボケを愛あるツッコミで救ってあげることからはじめるのもいいでしょう。

人がやっていないことをやる

高校時代の僕は、感性が近い仲間と一緒にひたすら笑いを追求していました。その瞬間瞬間で何がおもしろいかを考えて、いいアイデアが浮かんだら即実行していました。コントを作ったり、オリジナルのゲームを考案したり。いうなれば「笑いをつくる遊び」に熱中していたわけです。

「笑いをつくる遊び」なんて言うと仰々しいですが、この遊びに高度なテクニックは必

ボケの極意は、予定調和をくずすこと

新しいものやおもしろいものを探しながら日常生活を送っていると、自分はツッコミでいこうと思っている人でも、ちょっとボケてみたいなという気持ちがわきあがってくるのではないでしょうか。

それは笑いが好きな人にとってはごく自然な欲求ですから、あらがったりせず、どんどんボケていってください。

ボケ方がいまいちわからないという方のためにボケの極意を伝授すると、話の中に「予定調和ではないこと」を放り込むという方法があります。

「こんなタイミングでまさかこんなことを言わないだろう」ということをズバッと言えたら、笑いが起こります。

たとえば、「最近忙しいですか?」という日常会話の常套句に対して、たいていは対語のように「いえいえそれほどでもないです」と返します。忙しくても忙しいと言うのは品がない。ここは謙遜しておくのが無難というパターンです。

この予定調和に、謙遜の意はそのままに聞いたことのない返答をしてみましょう。

たとえば、

「最近忙しいですか？」

「リスほどではありません」

出てくるはずもない生き物の名前を突然放り込みました。

一瞬、「え？」となりますが、その「え？」が大切なのです。

リスは常にじっとしていない、忙しさの象徴のような動物です。間違ったことは言っていませんし意表をついています。

この流れで、別のボケかたもできます。勘違いを装うのです。

「最近忙しいですか」

「そうですね、いつも忙しそうですねリスは」

自分が訊かれたことではないと捉えて答えてみます。この流れは「誰がリスのことを訊いとんねん！」とツッコミが入れやすい状況を作ってもいます。

笑いの本質は「ちょっとしたこと」にある

笑いは本当にちょっとしたことで生まれます。大喜利の回答なども、ちょっとした言葉の使い方ひとつで、全然おもしろくないことが急におもしろくなったりします。

水という字に点をつければ氷になる。水が氷になれば冷たくなるし、持ち運びもしやすくなる。ほんのちょっと変えるだけで、まったく別のものに変質する。笑えるボケと笑えないボケの違いは、そういうところにある気がするのです。そんなちょっとした違いに敏感になるために、日ごろからボケてやろうという意識をもって生活してみてください。

たとえばみかんを食べるとき、包丁を持ち出してリンゴのようにくるくる皮むきしてみせる。そして、そのまま何食わぬ顔で食べる。

たとえば割り箸でうどんを食べるとき、割り箸を割らずに、2セット使って食べる。人が気づくまではボケとして認知されません。しかし、人知れずひそかにボケている。それに誰かが気づいて「何やそれ」とツッコんでもらえたら自分の勝ちです。

そんなふうに、一人で勝手にボケごっこをしてみるのもいいと思います。

「命名大喜利」で、一世一代のクリエイティブを

ここまで見てきたように、ボケるというのは、ただふざけて笑わせる行為ではありません。そういうボケもありますが、僕はむしろ、人とは違う視点や閃きを表現する手段がボケなのだと考えています。

ボケ＝クリエイティブ。日常に出くわす物事を大喜利のお題的に捉え、それに対してオリジナリティのあるおもしろ回答を出していく。おもしろ反応をしていく。それがボケなのです。

そんな日常大喜利の一世一代の大チャンスがわが子の名づけです。名前は子どもが一

生背負っていくものですから、ここは〝ボケの腕〟の見せどころです。

といっても、笑えるふざけた名前をつけろという意味ではありません。名づけほど個性を発揮できる機会はそうそうないのだから、流行っている名前を安易に採用したり、お坊さんにまかせたりしないで、自分の引き出しを総動員して、最高のクリエイティブを発揮してほしいのです。自分の子孫にオリジナリティを授けてあげてほしいのです。

名は体を表すというように、人は名前に引っ張られるように成長していきます。

画数なども気になるでしょうが、もっとも大切なのは、名前に込められた意味や、そこから発せられる印象です。その子が将来どんなふうになってほしいかを強くイメージすれば、きっと何かが降りてきます。その何かをつかまえて文字にするのが命名であって、それは大喜利でいい答えをひねり出す行為に近いのです。

僕の「美津留」という名前もちょっと変わっていて、子どものころはよく女の子に間違われ、男の子だとわかるとへえと驚かれました。

目立つ名前だから、クラス替えがあってもすぐ先生に覚えられる。目立ちたがり屋の子どもだった僕にとって、名前が個性的なのは嬉しいことでした。

いやむしろ、名前のおかげでこういう性格になったのかもしれません。いずれにしても、美津留という変わった名前は、僕の人格形成に影響したと思います。

ちなみに名前の由来は親に聞いてもはっきりしません。

誰がつけたのかもあいまいで、母の名から「美」の字を取ったことは確かなのですが、「津」と「留」はどこか判然としない。それで自分で調べてみたら、「津」には水がわくという意味があることがわかりました。

ということは「美津留」は、わき出た美を留めるという意味の名前かもしれません。「美」には美しいだけではなく、感動や驚きや趣など広い意味があります。だから「美津留」は、世の中にうずもれた美を見つけ、散逸しないように留めつつ、みんなに知らせ広めていく名前だという解釈もできるでしょう。それは僕がやっている仕事にかなり近いように思えます。

また、以前ある人が「倉本美津留」をアナグラムにしてくれました。「くらもとみつる」を並べ替えてできた名前は「もっとミラクル」――なるほど、僕の名はもっと奇跡を起こせという名でもあったのかと、自分の使命を再確認したものです。

このように人の名前はとても奥が深いので、親は楽しみながらつけたらいいし、つけられた子どもは、この名前にはどんな意味があるのかと、自分なりの解釈を見つければいい。名前という一番身近なものにも、おもしろさはひそんでいるのです。

子どもの命名は人生に数度あるかないかのビッグチャンスですが、名づけ大喜利はやろうと思えばいつでもできます。

たとえば家庭で毎日出てくる料理に名前をつけるのはどうでしょう。

料理なんて日常的すぎて特別感がないかもしれませんが、実はとてもすごいことで、海のものと山のもの、ふつうは絶対に出会わないものを組み合わせて、新しいおいしさを生み出している。そんなクリエイティブな作業を毎日やっているというだけでもすごいのに、さらにオリジナリティがあったりしたら、それこそミラクルです。

各家庭の味があるということは、それだけ作品があるということです。作品ならば、タイトルをつけなければなりません。

うちのカレーをレストランで出すとしたら、どんな名をつけるか？

そんなふうに毎食、料理の名づけをしてみるのも、ボケのセンスを磨くいいトレーニングになると思います。

あえてオチを先に言うのもアリ

人を笑わせるときは、オチの部分で意外性のあることを言って驚かせることが重要になるのですが、実はそれとは正反対の手法で笑いを取るパターンもあります。オチを先に言ってしまうのです。

『ダウンタウンDX』の「スター覗き見ランキング」というコーナーをご存知でしょうか。ゲストが体験した面白エピソードを順番に発表していくという実にシンプルなトークコーナーです。ふつうならどんなことがあったのか本人にイチから聞いていくところを、まず司会の浜田雅功氏が、その内容を掻い摘んで紹介し、それから当人に語ってもらうという流れにしています。つまり先にオチをばらしてしまうのです。

こうしたシステムを採用したのは、この番組に出るゲストは、必ずしも全員がしゃべりのプロではないからです。

最近は俳優やモデルでもしゃべりが達者な人が増えましたが、番組が始まった当時はトークに慣れていないゲストも多く、うまくオチをつけて話してもらうのがむずかしかったのです。

最初にしゃべりのプロである浜田氏が「これこれこういうことです」とオチまで言って、おもしろい話であることを約束する。視聴者は「おもしろそう」と興味をもつ。その状況下であれば、つたない言葉でしゃべっても状況がよく伝わるし、むしろその方がリアリティが出るのです。

万が一グダグダになっても、話のオチを視聴者が見失うこともありません。どう転んでも、その人の個性が出ていいねということになるのです。

先にオチが出ているからこそ本人も焦らずにしゃべることができ、視聴者も安心して笑えます。プロの技でまず笑いを作り、そのあとリアリティで笑いを作る。一粒で二度美味しいシステムは、実はなかなかの発明なのです。

ダウンタウンの二人は、オチを先にバラすという無謀なことをごく自然にやってのけるので、誰もそこに仕掛けがあるとは気づきません。

このオチを先に言うという手法は、テレビのトーク番組だけではなく日常会話にも応用できます。長い道のりを順序だてて説明し、オチまでもっていくのはなかなかむずかしい行為です。このオチを先に持ってくる手法はとても有効です。

たとえば「このまえ父さんのイビキと会話したんだ」というオチを先に言ってしまいます。それを聞いた相手は「なにそれ？」となり「それがね……」と説明に入る。

オチがおもしろければ、みんな興味をもって「それってどういうこと？」と話を引き出してくれるので、落ち着いて詳細をしゃべることができます。

自販機よ、なぜおまえはそこにいる

笑いとは「これってどうなの？」と疑問をもつことから始まります。

そんな視点から生まれたコントに、『どエンゼル』という番組の自動販売機のネタがありました。これは、街中に置かれている自動販売機を何台もはしごして、ジュースが出てくるまでの時間やガタンという音の響きなどを比較して笑うという、かなりシュールな企画です。

僕がこの企画で狙ったのは、おもしろくないことをどれだけおもしろいと思えるか、番組を通してそのステージを体験してもらうことです。

そもそも自動販売機というやつは、無防備に置かれっぱなしで、誰かがジュースを買いに来ない限り、ずっとそのままの状態で存在し続けます。ところがコインを入れてボタンを押せば、ほいほいと飲み物を出してくる。

当たり前といえば当たり前のことですが、その受け身すぎるスタンスに注目すると「お前ら、やられたい放題やんけ！」とツッコむ視点が生まれます。

ほかにも「そもそも、何でこんなところに置かれとんねん？」「誰がここに置いてん？」など疑問はいくらでもわいてくるし、よくよく観察してみれば、押したら出るだけに見える受け身の自動販売機にも、反応速度や出てくる際の音に個性があることがわかります。

ジュースが出てくるのが遅ければ、「もっと早く出ると思ったのにえらい待たせるやんけ！」と笑えるし、予想以上に早くても、「早ッ‼」と笑えます。そうなるともう、思ったとおりでも、はぐらかされても、何がどうなってもおもしろい。視点を変えるだけで笑えてしまうことの究極がこの企画です。

もっとも、一般の人が日常的にそんな視点でものを見ていたら相当な変人になってしまうので、そこまでやれとは言いません。

ただ、当たり前を当たり前と思わない姿勢は、笑いに限らず新しい発想を生むための基本でもあるので、こうした思考のくせをつけておくと役立つ局面があると思います。

まずは「うまいことを言う」をやってみる

ボケは愛であり、クリエイティブな行為です。だから僕としては一人でも多くの人にボケに挑んでほしいのですが、日常生活のなかでいきなりボケるのは少々勇気がいるかもしれません。「何やってんの」と助け舟を出してもらえればいいけれど、ボケを放置されたり引かれたりしたら、なかなか悲惨なことになります。

場数を踏めば、それくらいのケガはだんだん気にならなくなっていくものですが、それでも怖いという人は、まずは「うまいことを言う」を目指すといいでしょう。ツッコミがいないと成立しにくいボケとは違って、うまいことを言うのは自己完結できるからです。

うまいことを言う方法はいろいろありますが、まずは、自分と会話の相手が所属する共通の業界・業種にからめて表現することをおすすめします。相手に何かを伝えたいとき、業界で扱うモノや商慣習といった共通のバックグラウンドをうまく利用して説明するのです。

たとえば鍋などを扱う食器メーカーの人同士なら、あきれてものが言えないというとき、開いた口がふさがらないという慣用句にかけて「開いたフタがふさがりません」。

文房具業界の人が、今やっているキャンペーンはいまいちふるわないね、といった話をするときは「サウスポー用のはさみを右利きが使ってるみたいな状態だね」。

船舶業界の人が、企画提案があと少しというところで停滞している状況を伝えるなら「ちっちゃい座礁に乗り上げてますわ。多分七〇センチくらいかな」。

どんな業界でも、業界用語にひもづけてうまいことを言うことはできるはずです。

いい表現が思い浮かばないときは、業界で扱う商品の特性を考えてみましょう。

たとえばお皿なら、すぐに割れる。ひびが入る。平べったい。高級な皿もあれば百均で買える皿もある。そんなふうにいろいろな要素を洗い出して、どんな言い回しができそうか、それをいつ、どんなタイミングで言えば効果的か、あらかじめ準備しておくのです。

うまいことを言うのは「シャレたことを言う」と言い換えることもできます。その言葉が生きるバックグラウンドがあってシャレているから、ダジャレではありません。うまいことを言うためのアイテムとしてのシャレは、ただ響きを当てはめただけのダジャレとは一線を画します。

逆に言うと、ダジャレを言うのが好きな人は、業界用語にからめたおしゃれな言い回しを心掛けるといいでしょう。インテリジェンスに裏付けされたシャレなら、ダジャレとは違っておやじギャグ扱いされません。

会社や学校で日常的に交わす会話のなかでうまいことを言うスキルを身につけていることは、とてもすてきなことだと思います。おしゃれだし、笑えるし、ピリピリした空気も一瞬でふわっと緩和できる。ウケたら気分がいいし、まわりの人も笑顔になる。まさにいいことずくしです。

そしてまた、うまいことは誰にでも言えます。訓練しだいで着実に上達していくのです。

すべらないための安全装置

ただのボケにくらべるとはるかに安全な「うまいことを言う」ではありますが、それでもボケの一種であることに変わりはありません。ふつうの答えが返ってくるだろうと思っている相手に対して、ちょっとずらした形の言い回しで答えるのだから、わかってもらえずケガをする可能性もなきにしもあらずなのです。

その場にツッコミ体質の人がいれば、わかりにくかったときにもフォローしてもらえますが、いつもそんな幸運に恵まれるとはかぎりません。相手のことをよく知らずに「開いたフタがふさがりません」と言っても、その人がシャレを解さない人だったら、

「はあ、そうですか」と言われるだけだったり、ヘタすれば「この人、間違ってるな……」と勘違いされることになってしまいます。

うまいことを言っているのに気づいてもらえないと、楽しくなるどころか会話がおかしくなってしまいます。ですから、相手がピンときていないなと思ったら、自分で補足ツッコミを入れなければなりません。

そのときに便利なのが「何々だけに」という言葉です。

「開いたフタがふさがりません。鍋屋だけに」
「もてあそばれている感じですよね。玩具業界だけに」
「目を皿のようにしてリサーチします。食器メーカーだけに」

このように、相手が気づいていないかもしれないと察知したらすぐに「何々だけに」をつければ、笑いに鈍感な人でも「ああ、これはボケだったんだな」とわかってくれるので、空気が変になることはありません。

できるでしょう。

大事なのは、人とは違う角度からニュースを見て、人とは違うコメントを言おうと意識すること——。それが意味深でおもしろいツッコミになるのです。

こうした芸能ニュースにかぎらず、世の中で起きていることの多くは「ボケ」と捉えることができます。みんなが大まじめに論じていることでも、「それって実はボケているのでは」という視点で見てみると、また違った感想が浮かぶはずです。

だからニュース番組を見るときは、番組内での論調に流されて批判ばかりするのではなく、どうしたらおもしろく解釈できるかを考えてほしいです。基本的にはツッコミの練習として行うのですが、慣れてきたらニュースを大喜利のお題と考えて「ニュースの写真で一言」をやってみるなど、ボケの練習にシフトするのもいいでしょう。

流行語をそのままパクっていいのは子どもだけ

ボケ・ツッコミを問わず、笑いをつくりだして人を楽しませることはすばらしい行為なのですが、ひとつだけお願いしたいことがあります。

流行っている言葉をそのまま使って笑いを取ろうという精神だけは、今すぐに捨ててほしいのです。

笑いにもいろいろな種類があります。あまりにもばかばかしくて笑ってしまうこともあれば、期待通りの〝お約束〟が出たことに安心して笑うこともあります。

でも僕がもっとも尊いと思う笑いは、それまで存在しなかったものが生まれ、そのときに生じた驚きが連れてくる笑いです。

「そんなことを言うとは思わなかった」という意外性のあるボケを見せられると、視野がぱっと広がるような感覚があり、続いて、そんな考え方もあるのかという驚きがやってきて、思わず笑ってしまいます。そんな笑いを追求していきたいと思うのです。

それとは真逆にあるのが、流行のそのまま丸使いです。

子どもはおもしろいものを何でもマネしたがるものだから仕方ないと思いますが、いい年をした大人が芸人のギャグをそのままマネしている姿は、客観的に見るとかなり痛いものです。

他人が作ったフレーズなんて、それがおもしろいと言われて流行した時点で、もう新鮮ではありません。その流行り言葉をなぞったところで、予定調和すぎて何の発見もないのです。おもしろくないどころか時間の無駄だとさえ思ってしまいます。

だから、街中で流行の言葉をそのまま使ってテンションあげている大人がいたら、サラリーマンだろうが美女だろうが、心の刀で斬ってしまいましょう。

ただ、その流行のフレーズを徹底的に使いまくって、もう自分の持ちギャグだというくらい振り切れば、一周まわっておもしろくなるかもしれません。あるいはもう誰も言わなくなったころに、あえてすたれてしまった流行語を使うのもありだと思います。

そんなことを今ごろ言うか？　というおもしろさです。ただしタイミングのチョイスにセンスが必要です。

おもしろい漫才やコントは、マネではなく「分析」せよ

僕はときどき若手芸人に向けたお笑い塾のようなことをやっています。その場で漫才

やコントのネタを見せてもらい、どうすればもっとおもしろくなるかのヒントを伝える場です。

参加者の大半は、すでに芸能事務所に所属して何年か活動しているものの芽が出ないという、いわゆる〝売れない芸人〟です。

彼らの芸を見て思うのは、既存の笑いのパターンを安易にマネしている人が多いなあ、ということです。さすがにテレビで流行っているギャグをそのまま使うようなことはありませんが、おもしろいと思った漫才やコントの構造を拝借して、設定や登場人物だけ変えて自分たちの作品にしてしまうということは当たり前のように行われています。

誰かがつくったパターンを参考にするのは絶対にNGとまでは言いませんが、それでオリジナルを超えられるかといえば、相当むずかしいでしょう。

オリジナルの劣化版をいくらつくっても誰も喜んでくれません。そんなことをするくらいなら、おもしろいと思う漫才やコントの全体像を観て「なぜおもしろいのか?」を分析したほうがずっと有意義だと思います。

たとえば、コンビの片われが異常な感性の持ち主で、その相方はふつうの人、という組み合わせは比較的よく見かけます。この場合、だいたい異常者のほうがハイテンションなボケ役、ふつうの人のほうが冷静なツッコミ役という分担になりがちですが、そこをあえて逆にして、温度の低いボケとハイテンションで異常なツッコミという関係性で漫才をすれば、いくらか新しい印象になるでしょう。

もしその漫才を観ておもしろいと思ったら構造をそのままマネするのではなく、「彼らはなぜおもしろいのか？」という観点で考えてみる。「よくある組み合わせだけど、少しパターンを変えている」「コンビ二人の性格や温度の落差が大きい」といった、おもしろさの源泉に注目するのです。そうすれば、、おもしろさの法則を見出し、違う切り口でそれを再現できないかと考えて、新しい発明のヒントにすることができます。

お笑い芸人をめざす人なら誰しも、自分がやりたいことで人を笑わせて天下を取ってやるという気持ちがあると思います。少なくとも最初はそんな野望を抱いて笑いの世界に飛び込んできたはずです。

売れない時期が続くと、流行りのパターンに乗っかっていったほうが受け入れられるのではないかと思ってしまいがちですが、そんなときこそ初心に戻り、自分たちだけの笑いをもう一度見つめなおしてほしいと思います。

漫才コントの新しい「入り口」を開発しよう

そこそこ売れている漫才師でも、無意識に既存のパターンを流用してしまうことがあります。

その代表格が「漫才コント」です。

「俺、○○の役をやるから、お前は△△の役をやってくれる？」というフリからはじまって、客と店員、先生と生徒などの役割を演じながらコントを進めていく例のやつ、といえばおわかりになるでしょう。

これは使い勝手のいいシステムです。すべてを視聴者の想像にゆだね、セットも衣装も使わずに手軽にコントがはじめられるので効率もよいです。ただ、あまりにもみんながこのパターンを使いすぎるので、「またこれか……」と、はじまった時点で観ている人のテンションを少し下げてしまうことがあります。

漫才コントをやる芸人の多くは、この誰かが開発した便利なシステムを借りていると いう意識がほとんどありません。というか「漫才内コントはこういうふうにはじめるものだ」と決まりごとのように思っているふしすらあります。

コンビ芸人が○○役と△△役にわかれてコントをはじめるとき、入り口はこれしかないのでしょうか?

そんなはずはありません。「俺、○○の役をやるから〜」なんていうやりとりをしなくても、漫才内コントに移行する方法はいくらでも考えられます。

むしろ「俺、○○の役をやるから〜」のやりとりを別の会話に変えることで、もっとおもしろくすることだってできるはずです。

それを見事になしとげたのがサンドウィッチマンです。彼らの代表的な漫才コントはこんなふうにはじまります。

「世の中興奮することいっぱいありますけど、一番興奮すんのは○○屋さんに行ったときだね」

「間違いないね」

「あ、〇〇屋さんだ。興奮してきたな。ちょっと入ってみようか」

「いらっしゃいませ」

「俺、〇〇の役をやるから〜」の入り口とサンドウィッチマンの入り口、どちらが引きが強いかは言うまでもないでしょう。定型の状況説明の代わりに、そんなことで興奮するか? と誰もがツッコみたくなる笑える入り口をつくったサンドウィッチマンは、すばらしい発明家だと思います。


安易に「俺、〇〇の役をやるから〜」を採用するということは、そんなおもしろい導入を生み出すチャンスをみすみす逃しているということかもしれません。

漫才コントにかぎらず、芸人たるもの、ありがちな設定やパターンを使う前に一度立ち止まって、別のやり方はないのかと考える癖をつけてほしいと思います。

「いじり」と「いじめ」はまったく別モノ

プロの芸人でも先人の発明をマネしてしまうくらいだから、一般人が芸人のマネをするのはしかたがないことなのかもしれません。

ただ、芸人のようなノリで、何も考えずに人を〝いじる〟ことだけはあってはなりません。それはいじりではなく〝いじめ〟になる危険があるからです。

いじりといじめは何が違うかといえば、そこに愛や思いやりがあるかどうかです。言われている人間が不愉快に思った時点でそれはいじりとは言えません。思考停止して、テレビで芸人がやっているやり方をマネするだけならいじめになってしまう可能性が高いのです。

いじる側は、自分の目で相手やその場の状況をよく見て、自分の頭をよく使わなくてはいけません。腕のある芸人は、誰かをいじって笑いをとるとき、空気を把握したうえで覚悟をもってやっているのです。

たとえば同僚が髪の毛を切りすぎた、前髪がそろいすぎたと言っていたら、ちょっといじって笑いをとりたい気になるかもしれません。

そんなときは、毒舌芸人のようなノリで「◯◯か！（変な髪型で笑いを取っている有名人の名前など）」と吐いて捨てるように相手をからかうようなやり方はいただけません。相手のテンションや相手との関係性をよく考えて、その上でオリジナリティを発揮できないか考えてみてください。

たとえば同情するようなテンションで「その前髪……きっと後ろ髪を引かれる思いで美容院を出てきたんだね」とか、励ますテンションで「そんなにそろってないよ！北朝鮮の軍事行進よりマシ！」とか、誰も言わなそうな表現で相手の笑顔を引き出せたらナイスです。

いじりによって散髪の失敗を笑いに変えられたら、それが救いになることもあるのです。いじりは、相手をおとしめるのではなく、個性的な発言で相手を喜ばせるチャンスだと考えましょう。

今、変化を求められるテレビの笑い

テレビのバラエティ番組などでも、これから〝いじり〟は減っていくのではないかと思います。いじりだけではなく、お笑いは今後、人を不快にさせるような表現を排除する方向へむかっていくでしょう。

コンプライアンスが厳しくなったという声がありますが、誰かにルールを決められなくても変わっていくのが当然の流れです。テレビ業界が、世の中が、個人の個性を尊重することの重要さにようやく真っ当に気づきはじめたということだと思います。

誰かがひどい目に遭っているのを見たり、人をいじめたり差別したりすることで生まれる笑いなど、笑いではありません。

冷笑や嘲笑はお笑いのジャンルからはずしていかなければなりません。

「お笑い」は「御笑い」なのです。

時代は変わってきています。ひと昔前までは、人の頭をパーンと叩いて笑いが起きていましたが、今は笑うよりも眉をひそめる人のほうが多いのではないでしょうか。

同じように、どぎついドッキリで笑いをとることも減っていくでしょう。人が嫌な目に遭うドッキリなど、見てもまったくスカッとしないのは当然です。ドッキリも、そこに違うベクトルのアイデアが必要になってきていると思います。

テレビの世界では今、これまで当たり前にやってきた企画や笑いをそのまま続けるのが難しくなってきています。時代に寄り添う必要があるのです。

そこで求められるのが、繰り返し言っている新しい笑いの「発明」です。冷笑や嘲笑ではない、御笑いを増やしていくためには、新しい笑いのスタイルを開発していかなければなりません。

ド定番はこうして生まれた

笑いを発明・開発するとは、どういうことなのか——。

まず、芸人自身が新しい笑いのスタイルを発明するというアプローチがあります。たとえば笑い飯は、ボケとツッコミの役割分担が明確だった近年の漫才界の流れをぶった切り、ボケとツッコミが入れ替わる独自のスタイルを発明しました。

僕のような裏方の人間にとっては、新しい笑いの企画を考えることが発明にあたります。思い起こせば中高時代から、夢中で新しい遊びを開発して遊んでいました。

・何の絵を描いているのか言わずに続ける『絵しりとり』
・自分がコマになってサイコロをふりながら京都三条を目指す『京阪電車人間すごろく』
・狭い空間でいかにアホな隠れかたができるか『3LDK朝までかくれんぼ』
・アレキサンダーは荒木三太、ミケランジェロは三木蘭次郎、キッシンジャーは岸田『外国の有名人の名前を日本名にする』
・イントネーションだけで有名人の名前を当てる『ふんふんゲーム』
・クラス写真の顔を切り取って他の生き物の顔や、顔に見えるものをコラージュ『異星高校クラス写真』
・14階のマンションの一室から全裸でエレベーターに乗り込み途中で止まらなければラッキー『全裸でどこまで行けるのか』

・あるジャンルをお題にしてせえの！　で同じ答えが出せるか『せえの！　ギャンブル』
・どれだけアホな読み札と絵札を分担して作れるのか『どアホカルタ』
・誰がそんなやつの声色すんねん『特殊声帯模写』
・一行ずつ書いて渡していく『共同小説』
・人気ラジオ番組の体で2時間アドリブ『実は誰も聴いていないラジオ』
・野菜から、魚から、鉱物から、風景から……の訴えを歌にする『森羅万象メッセージソング』
・油性マジックでお互いの裸に似合う絵を描き合う『俺が思う君のデザイン』
・体のいたるところの長さを細分化して測って記録をしていく『究極の身体測定』
・誰もいない早朝の教室に行って一心不乱にそうじする『気づかれることのない善行』
・クラスメイトそれぞれが主役の映画タイトルを全員分考案『3年1組クランクイン報告』
・木彫りのオリジナル道祖神を女子トイレに設置『よかったらどうぞ』

……など

学生で時間に余裕もあったし、仲間が集まりやすかったこともあって、思いつくまま何でもすぐに実行に移して遊び倒していました。このころ作った遊びがそのままテレビ番組の企画になったものもいくつかあります。

『絵しりとり』『せえの！　で同じことを言えるかゲーム』などはバラエティの番組の低予算遊びの定番的なものになっていますし『フンフンゲーム』や『外国人の名前を日本名に大喜利』なども何度か採用しました。ちなみにすっかり浸透してしまった鉄板競技『乳首相撲』も、この学生時代に考案したものです。

この世界に入ってからも、おもしろ企画や装置を発明することに燃えてきました。たとえばワイドショーなどの情報番組ではよく、新聞紙面を大きくしたボードの一部をシールで隠し、「関係者によると……」などと説明しながら順番にシールをめくって見せていく「めくり」という手法が用いられます。

この「めくり」をワイドショーで最初に使ったのは、たしかみのもんたさんの『午後は○○おもいッきりテレビ』だったと記憶していますが、実はそれに先立って笑いを生み出すために「めくり」を導入した番組があります。僕が構成としてたずさわり、一九八九年～一九九〇年に放送されていた関西の深夜バラエティ番組『現代用語の基礎体力』です。この中に、架空の専門家が毎回登場して架空の解説を行うコーナーがあり、そこで次のように「めくり」を使いました。

自称ことわざの専門家が登場し、「みなさんが知っていることわざは、実は間違って伝わっています」などと言いながらフリップを取り出します。

フリップには、「袖」という文字だけ見えていて後半はシールが貼られていて見えなくなっています。「たとえば『袖触れ合うは多生の縁』ということわざがありますけど、これは元々はこういうことわざだったのです」と、シールをさっとめくると、現れるのは『袖フレアは魔性の女』という一行――。

「袖がフレアになっている女性に安易に近づいたら酷い目にあう。という戒めのためのことわざだったんですねえ。それがいつしか語呂だけが一人歩きして全然違うことになってしまったんです」。

ふつうに出せば他愛ないダジャレですが、「袖触れ合うは多生の縁」という言葉を想定して見ているからこそ、まったく違う言葉が出てきたときに、笑いが生まれたのです。

この場合の「めくり」には二つの効果があります。

ひとつは集中です。シールで文字を隠されると、人は何が書かれているのか気になって、そのポイントに集中するようになります。

もうひとつは意外性の演出です。頭の「袖」の文字だけが見えていて後半が隠されていれば、人は自然と後半は何だろうと予想します。袖から始まることわざといえば「袖触れ合うは多生の縁」だろうと無意識のうちに考え、次の瞬間、それを崩される。

いったん固定観念にしばられたからこそ、意外性をより強く感じるという仕掛けです。

「フリップ大喜利」という究極の装置

僕は自分の仕事を、笑いを生む装置をつくることだと考えています。その装置の代表ともいえるのが「フリップ大喜利」です。

司会者がお題を出して複数の回答者がボケの答えを出していく大喜利のスタイルは、『笑点』の初代司会者である立川談志さんが発明したといわれていますが、それを発展させて、回答をフリップに書いて出すかたちにしたのです。

閃きは、テレビとはまったく無関係のところからもたらされました。「はじめに」で紹介した、ルネ・マグリットのパイプの絵です。

この絵は薄いクリーム色の横長の紙に描かれています。サイズは六三・五センチ×九三・九八センチとやや大きめですが、色合いや形状はまさにフリップそのものです。少なくとも僕はこの絵をはじめて見たとき、テレビのクイズの解答などでおなじみのフリップを連想しました。

フリップの中央にパイプの絵が描かれている。

その絵の下にどんな言葉をつけたら一番おもしろいか？

いろいろな回答が考えられます。まったく違うものの名前を書いてもいいし、架空のでたらめな名前をつけてもいい。でも「これはパイプではない」よりもおもしろくするのは至難の業でしょう。マグリットがこの絵につけたタイトルは、大喜利としての正解でした。この感動からひらめいたのがフリップ大喜利です。

問いに対して、誰が一番おもしろい答えを出せるかをフリップを使って競ったらいけるのではないか――。

それは僕が昔からあたためていた着想でもありました。小学生のころから、テストの問題に対して、正解よりもおもしろい答えを書きたいという誘惑が強くあったのです。むろんテストでは、いくらおもしろいボケを思いついても、それを書いたら0点になってしまいます。僕はふつうにテストを受けながらも、心のなかでは、こんなことを書けたら絶対おもろいのにな、もったいないな、と常々空想していました。

お題に対して存分におもしろいことを言う、しかも口頭で答えるのではなくフリップに書いて答える、という大喜利スタイルは、僕がずっとやりたかったことなのです。「めくり」もそうですが、意表をつくための即効性というのは、視覚を伴ったほうがより強くなります。耳で聴くだけでもインパクトはあるけれど、フリップに書けばより確実に伝わるし、文字の書き方を工夫したり、絵を添えたりしてプラスアルファの笑いを作ることもできます。

最初に試したのは『摩訶不思議　ダウンタウンの…!?』という番組でした。誰がクイズに正解するかを予想して賭けるクイズダービー形式を借りたコーナーで、芸人が答える側とベットする側に分かれてフリップ大喜利をやりました。

『クイズダービー』と決定的に違うのは、正解がないことです。正解はないけれど、一番おもしろかった回答を正解にする。正しいかどうかではなく、おもしろいかどうかでジャッジしました。

おもしろを発揮しやすくなる装置、フリップ大喜利。実際やってみると、松本人志氏と板尾創路氏が突出しておもしろい答えを連発しました。

手ごたえを感じ、次にTBSの深夜番組『ダウンタウン汁』でフリップ大喜利を採用しました。「お笑い頭脳バトル」というコーナーでした。浜田氏が司会をつとめ、松本氏、板尾氏、今田耕司氏、木村祐一氏、他が回答者となってフリップで回答を出すという、より大喜利色の強いものとしました。こうして、今までにない笑いの角度を生み出す装置として完成度を高めていったのです。

すると今度は松本氏のほうから、お題からしてボケているものなど、いろんなバージョンのものに挑戦してみたいという提案がなされました。

究極的に突き詰めようとして生まれたのが『一人ごっつ』です。出演者は、松本氏と、師匠と呼ばれる大仏（声は僕）のみ。師匠が出すお題に対して、弟子の松本がひたすらフリップで答えていくという、フリップ大喜利の骨頂といえるものになりました。

フリップ大喜利が完全体に近づくにつれて、テレビはもちろん各地のイベントなどでもこぞってフリップ大喜利が採用されるようになりました。「めくり」と同様、フリップ大喜利もまたド定番装置になったのです。

ここまでフリップ大喜利が浸透したのは、装置としての性能に加え、〝おもしろい脳みそ〟が揃えばどこでも低コストで実施できるということも大きな理由でしょう。フリップ大喜利は、低予算で確実に笑いが生み出せるコスパのいい装置なのです。

お金がない、予算がないというのは不自由である反面、発明を生み出すうえではなかなか大事な要素です。限られているからこそひねり出されるアイデアも少なくありません。

一瞬で異世界を生み出す「写真で一言」

『一人ごっつ』では「写真で一言」というコーナーも人気でした。人や動物などが写った様々なジャンルの写真に松本氏が一言コメントを添える。すると、その一瞬で見ていた写真がまったく違って見えるようになってしまいます。言葉ひとつで写真の意味や価値観をガラッと転換させてしまう装置です。

「写真で一言」は、楽屋での雑談から生まれました。松本氏とコントライブ『寸止め海峡（仮題）』の東京公演のリハーサルをしていたときのことです。

休憩時間に週刊誌をパラパラめくり、たまたま目についた写真を見せて「これ何て言うてたらおもろいと思う？」と聞いたのです。すると、間髪入れずにめちゃめちゃおもしろい答えが返ってきました。これはいける！　と、次の大阪公演でスライドを使って試してみました。すると案の定、客に大ウケ。その瞬間、新しい笑いを生み出す装置として確立した実感がありました。

次の年にはこれだけで武道館ライブを開くことにしました。当時は、一言でとんでもない次元に飛んで行けるという意味合いを込めて3Dならぬ4Dと呼んでいました。

これをテレビに展開する際、誰でもわかりやすいネーミングとしてつけたのが「写真で一言」という名称です。

僕は「写真で一言」もアートに非常に近い性質の装置と捉えています。

先述したマグリットのパイプの絵も、テキストがなければ、単にパイプが描かれた絵画作品として鑑賞されます。しかしそこに「これはパイプではない」の一言が入るだけで、「たしかに、本物ではないけれども！」「紙だけども！」と、パイプが描かれたガワの部分に見るものの意識がズレる。一瞬で、単なるパイプの絵には、もう見えなくなってしまうわけです。

認識していたものが一瞬で違うものに見えてくるというのは、マルセル・デュシャンのオブジェ『泉』もそうです。ただの公共物である便器に『泉』というタイトルをつけた有名な作品。タイトルをつけて展覧会に出品したことで、どこにでもある便器がアート作品として昇華されたこの作品は「写真で一言」パターンに近いものがあります。

アートにツッコミ

アートと笑いの橋渡しをすることは、僕のライフワークです。

日本のお笑い界は今まさに転換期を迎えていて、新しい笑いを発明する必要が確実に出てきています。その発明を成すための鍵は「アート」にあるのではないかと思います。アートと笑いが融合していくことで、これからの時代を平和に導く新しい発明が生まれると思うのです。

僕はあえて芸術家の表現をボケとして捉えたい。これほどまで膨大な労力と情熱と時間とお金をかけて、なぜこれを作ったの⁉　とツッコみたい。

芸術家たちに問うと答えはこうです。

「誰も見たことのないものを生み出したい」――。

――最高やん！

笑いとアートの境界線のうえではじめたのが、第2章でも紹介した『世界がかわるバラエティー「アーホ！」』です。

アーホ！　とは、大阪の人間が愛を込めて賞賛するときの言葉「アホやな〜！」と「アート」をミックスしたオリジナルの言葉。敷居が高いと思われがちな芸術作品にツッコミを入れることで、そのアートの魅力＝ボケを軽やかに解釈して楽しめるようにした企画です。

僕自身、美術館やギャラリー巡りでアート作品を見て、なんだかよくわからないなと思った経験があります。しかし、自分にとって関係ないと思った作品も、気の利いた解説があると目から鱗の感動に転換するのです。

人は、わからない＝おもしろくないと短絡的に処理してしまいがちです。目の前に未体験の「おもしろ」があるかもしれないのに、それを楽しめないことは非常にもったいないことです。

アート作品の「おもしろがりかた」を提示できる装置が「ツッコミ」であると僕は考えました。優れたアート作品をボケとして捉えて、的確な言葉でツッコミを入れる。すると、アートを笑いとして楽しめるようになるのです。あくまで芸術表現をリスペクトしながら、楽しみ方のひとつのアプローチ方法として提案してきました。

「優美な屍骸」から生まれた三つの企画

シュルレアリスム作品は笑いのタネの宝庫で、マグリットの絵からフリップ大喜利が生まれたのはすでに述べたとおりですが、もう一つ、「面雀《おもじゃん》」という企画もシュルレアリスム作家の遊びに触発されて誕生した装置です。

元ネタは「優美な屍骸」と呼ばれるシュルレアリストたちの制作手法です。

シュルレアリスム作家たちが好んだ詩に「解剖台の上での、ミシンと雨傘との偶発的な出会い（のように美しい）」というロートレアモンの一節があります。

無関係なもの同士が偶然に出会ったときの違和感。その、それまで味わったことのなかった感覚を愛したのです。

そこで作家たちは、お互いがどんな作品を創っているか知らないまま、自分のパートだけを制作するという方法で詩や絵画を合作することを試みました。「優美な」と「屍骸」をつなぐと「優美な屍骸」といった独特の言葉が生まれるように、ふつうは出会わないもの同士を結びつけ、見たことのない概念を生み出そうとしたのです。

このシュルレアリストたちの遊びを、笑いを生む装置としてゲーム化したのが「面雀」なのです。

言葉が書かれた牌を十個ずつ持ったプレイヤーが四人。場に提示されたお題の牌の言葉に手持ちの牌を組み合わせて、よりおもしろい言葉を作った人が勝ちというルールです。『一人ごっつ』の後継番組である『松ごっつ』のコーナーとして企画され、のちに『おもしろ言葉ゲーム OMOJAN』としてレギュラー番組にもなりました。

さらにEテレ『シャキーン!』では、「優美な屍骸」を子ども向けにアレンジした「おもしりとり」を展開。「年頃・ろくろくび」→「ろくろくび・ビーバー」→「ビーバー・バター」というように、子どもたちが二つの言葉をしりとりの要領でどんどんつなげて、新しい概念を考え出すというもの。さらにそのオリジナルの言葉を絵にして説明するという人気コーナーです。

そして、「超コント」というライブ企画も生まれました。

その場で作った言葉をタイトルに、コントを即興で生み出すという企画です。

お客さんに、上の言葉・下の言葉という二枚のカードに自由に言葉を記入してもらい、それをランダムに引いて組み合わせた言葉をタイトルにします。タイトルができた五秒後には明転してコントスタートです。追い詰められた演者が爆発させる新しい境地。ふつうの作り方ではできないコントを生む装置です。「水々しい宇宙人」「執拗につきまとう牛乳」「ベトベトする良くも悪くも」。こんな奇妙なタイトルをふられてすぐにコントを披露するジャルジャルという芸人の瞬発力もとんでもないです。

何これ？と思ったときが大喜利チャンス

装置をつくる側の話が続きましたが、装置で遊ぶ側、つまり大喜利のプレイヤーとして笑いをつくるのも楽しい作業です。

インターネットやスマホが登場したことで、僕たちは知りたいことをいつでもどこでも瞬時に検索できるようになりました。拙著『明日のカルタ』の「な」のフレーズを「何これ？ 思ったときが調べどき」としたように、疑問をもったらスルーせずに必ず調べるべきです。

知識がひとつ増えることはいいことだし、ひとつ調べたらそこからまた別の「何これ？」が生まれてどんどん興味の範囲が広がっていきます。

ただ、調べて答えを見る前に必ず「想像する」というステップを入れてください。疑問をもったら、まず「こうだったらおもしろいな、笑えるな」と想像するクセをつけるのです。せっかく自分の中に湧いた好奇心です。ぜひこの「何これ？」のタイミングを、笑いを生み出すチャンスだと捉えて遊んでください。

そのあと調べてみたら、想像とは違っていたというケースもあるでしょう。しかし想像が当たっていたかどうかなんて関係ありません。むしろ、自分が想像したほうがおもしろかったら、そっちの答えが正解！　と思ってもいいのです。

そんなふうに、日常的にちょっとアホになってみることが笑いにとって大事です。もう一冊のカルタ本『もともと人名カルタ』では、サンドイッチやカーディガンなど、もともと人名だった言葉を集めて紹介しています。

人名が他のものの名前になって残っている例を集めていく中で、常に出くわすのが「諸説あります」「～と言われています」という言い訳フレーズ。本当のことは誰にもよくわからないことも多いのです。

だったら説をひとつ増やしてみてもいいのではないでしょうか。

作り話のような面白説は、先人が大喜利的発想で遊んで残したものかもしれません。嘘はいけませんが、説を想像して楽しむことは自由なのです。遠慮せずに新しい説を唱えていったら、案外それが真実に一番近かったりするかもしれません。「神社の鳥居はなぜあの形？」まさに大喜利のお題です。

不思議に思うことや、わからないことに出くわしたら、調べる前に考えてみましょう。「何これ？　と思ったときが大喜利チャンス」です。一分でいいのです。一分後に答えがわかるクイズだと思って楽しんでください。

〝想像〟が〝創造〟になります。想像してみるクセをつけてお笑いの創造力をつけていきましょう。

「いい天気ですね」と言われたら「知ってます」と答えてみる

本書ではここまで、笑いとは何か、すなわち人は何をおもしろいと感じ、どんなときに笑いが生まれるのかについて持論を展開してきました。

まとめると、笑いにもさまざまな種類がありますが、あざけり笑いなどではないクリエイティブな笑いが生まれる最大の原動力は「驚き」です。自分が当たり前だと思って見ていたものが、実はまったく違うものである可能性を示されたとき、人はその感覚をおもしろいと感じるのです。

理屈がわかったら、次は日常のなかでそれを応用する番です。本章では「驚きが笑いを生む」という理論にもとづいて、おもしろい会話のつくり方を考察します。

日常会話で驚きを生むコツは「そんな答え方はされたことがないだろう」という受け答えをすることです。最初はパッと思いつかないかもしれませんが、少しくらい間が開いてもいいので、相手が「されたことがない答え」を探りましょう。

「いい天気ですね」と話しかけられたら、ボケのチャンスです。そうですね、などと反射的に答えてしまう前に、一瞬考えて「知ってます」と言ってみる。そりゃあ、同じ場所にいるのだから天気がいいことくらい知っているのです。

相手はそんな答えが返ってくるとは思ってもいないから、びっくりすると思います。なかにはムッとする人もいるかもしれませんが、あなたがそんなふうに日常をちょっとずらしたおもしろい受け答えをする人なのだとわかってもらえれば、そうそう嫌われることはありません。

もちろん相手や状況によってふざけていいときと悪いときがありますが、ボケていい相手のときは積極的にボケて、「あ、この人はボケる人なんだ」というポジションを獲得してください。

次項からは、日常でよく聞かれる質問に対するボケ方を、実例を挙げながら紹介していきます。

あくまでも僕ならこう答えるという例なので、正解でもなければお手本でもありません。これらをヒントに、あなたも自分なりの個性的な受け答えを考えてみてください。

笑いのインフルエンサーとして、楽しいボケを打ち出していきましょう!

〈実践！　日常会話の切り返しで笑いを生む〉

「最近、調子はどう？」

「γ-GTP（ガンマジーティーピー）は257です」


ほとんどの場合、「調子どう？」という質問は本気でこちらの調子を気遣っているわけではなく、単なる挨拶がわりに発せられるものです。

だからみんな「まあまあですね」などと適当に答えるわけですが、そこをあえて体調のことと限定して受け取り、健診の数値を出したりして具体的に申告するのもおもしろいと思います。

「最近」という言葉に注目して、最も近い、今現在の調子を伝えるのも手です。

「右の鼻の穴に鼻くそがこびりついていて、なかなか取れずにやっかいです」など。

調子のよしあしの度合を何かにたとえて答えてみるのもいいでしょう。

いまひとつなときは「ここんとこ連日アシナガバチに刺され続けている感じで……」。相手がツッコミ好きなら「スズメバチじゃなくてよかったじゃないですか」と返してもらえるかもしれません。逆に好調なときは「水きりでいうと七連続って感じです」など、なんでも構いません。

相手に一瞬の「?」を感じさせることが大事なのです。

考え方のポイントは、調子がいいのか悪いのか丁寧に答えようとするということ。多くの人が決まり文句で雑に処理している会話だからこそ、自分が今どんな状態にあるのかしっかり伝えたほうが意外性があって笑いにつながります。

「ご出身はどちらですか」

「星田です」

出身地を訊かれたら、ふつうは県や市など、聞けば誰でもわかる大きな単位で答えますが、そこをあえてミニマムに町名で答えてみました。

星田なんて言われても、地元の人以外はまずわからないので、「星田……？　ってどこやねん！」とツッコまれて会話が広がります。「交野《かたの》市の星田です」と言ってもまだ通じないから「交野市？　どこやねん？」「大阪府です」ときて、ようやく相手も「ああ」とわかってくれます。

不要な遠回りをしているように思えるかもしれませんが、最初から「大阪です」と答えたところで、どうせ「大阪のどこ？」「交野市です」とせばめていくことになるのです。そんなベタなパターンを避けて逆からスタートする。それだけで相手におもしろがってもらえるはずです。

もしかしたら偶然にも、一発で「星田」が通じることもあるかもしれません。

「星田？　交野市の？　俺もそこ！　俺も星田出身やねん！」

そんな相手に出会えたら感動も倍増です。

ふつうに「大阪の、交野市の……」と会話を進めていたら、相手も途中で「もしかしたらご近所だったりして」と頭をかすめますが、そんな心の準備なしにいきなりバーンと「星田です！」と言われたら、大盛り上がりすること間違いありません。

「どういった関係のお仕事を？」

「肉体関係です」

ストレートに職業を訊くのは失礼にあたるという配慮からか、「どんな関係のお仕事を？」というやんわりした表現で質問されることがあります。このとき、訊いた人は「IT関係です」とか「建築関係です」といった答えが返ってくることを想定しているので、同じ言い回しで違う意味になる言葉をチョイスして返してみました。

肉体関係と返すと、きっと「え!? 仕事のことですよ！」と驚かれるでしょう。

そこで、「いやいや、肉体に体を使っての重労働。そんな仕事です。あ、肉体労働関係と略さずに言えばよかったですかね」と戻しましょう。

そもそもこの問いにおける関係という言葉は不思議な言葉です。

「関係」とは本来しっかりとつながっていることを表す言葉なのに、この場合、焦点をぼかし、曖昧にする意味で使われているのです。そんな実はおかしな言い回しの投げかけに対しては、ボケで答えるのがちょうどいいのです。

「ゴールデンウイークはどこか行きましたか？」

「トイレに行きました」

どんな人でも一日何度かは必ずトイレに行きますから、嘘をついていることにはなりません。ゴールデンウイークに限らず、盆暮れ正月いつでも使える汎用性の高い回答です。

また、この回答ならボケていることがわかりやすく伝わるので、相手も安心してツッコめます。「トイレって！」などとツッコんでもらえたら、「いや、トイレはトイレでも軽井沢のトイレですよ」と返せば、なるほどゴールデンウイークは軽井沢へ行っていたのかと、本来の話の流れに戻すことができます。

「身長はどれくらいですか？」

「見かけによらず七〇〇メートル弱あります」

目の前にいる人間の身長なんて見ればだいたいわかるのになぜか訊かれる、よく考えたら妙な質問です。ですから、真剣に対応しなくてもここはおもしろさ重視で答えていい場面だと思います。

思い切ったバカな言い回しで返しましょう。ちなみに例に出した回答のポイントは決して嘘はついていないところです。人間の身長は誰しも七〇〇メートル強ではなく弱ですから。「弱《じゃく》すぎるでしょ！」なんて気の利いた返しをしてくれるかもしれません。

「何をしているときが一番楽しいですか」

「一番となると難しいですが、生き埋めになっていないときはかなり楽しいですね」

何をしているときが楽しいかはその時々によって変わるもので、一番を答えることに無理を感じるのは僕だけでしょうか。

答えにくいので指向性を変えてみます。「一番楽しい」は「一番楽しくない」の反対です。一番楽しくないこと、言い換えると一番苦しいことなら思いつきます。それを逆説的に伝えることで新鮮な表現が浮かんできました。

なお、この手の回答をするときは時事に留意しましょう。直近で実際に起こった事件・事故などを想起させるようなボケは、相手を不快にさせたり哀しい気持ちにさせる可能性があるので、口に出す前に一度あたまのなかで確認しましょう。

あるいは、この手の質問には「哲学的に答える」というパターンもツッコミ誘引に効果的です。たとえば「何をしているときが一番楽しいかって？　強いて言えばそのことを想像している今が一番楽しいかな」。

どうですか？　鬱陶しくて、ツッコミたくてウズウズしてきませんか？

「ギャンブルやる人ですか？」

「え⁉　今やってますけど。人生というギャンブルを」

よくある質問に対していきなりびっくりしてみせました。

ボケでもないふつうの質問にいきなりツッコんで質問側をボケにしてしまうというパターンです。あなたの質問はプリンを食べている人にプリン食べる人ですか？ と尋ねているようなものですよ、と。


「反省しなさい！」

「反芻します！」


ダジャレに見せかけて、じつは誠実な受け答えをしているパターンです。

反芻というのはウシやヤギが草を食べるときのやり方で、彼らは口で咀嚼していったん飲み込んだものを、胃で一部を消化してからまた口に戻してくちゃくちゃと噛み、少しずつ消化していきます。

いったん飲み込んでみたものの「あかん、一回では消化しきれん」と気づいたとき、オエっと吐き出すのではなく再び丁寧に噛み直すというスタイルは、人のあるべき生き方に通じるようにも思えます。

反省と反芻、たまたま言葉の響きが似ているだけかと思いきや、意外に深い対応ができています。反省は一回やれば終わりですが、反芻は何度もやる。反芻は反省よりも真摯に対象と向き合う行為です。

だから部下に「反省はしていないが反芻はしている」と言われて闇雲に怒るような上司にはあまりセンスがありません。「お！　それはいい」と言ってくれるような上司がいれば一生ついていって問題ないでしょう。


「何かはまってることはありますか？」

「最近は特にありませんが子どものころはよく水たまりにはまってました」


わざと取り違えて返答するパターンです。

単なる勘違いボケですが、子どもは水たまりでバチャバチャやるのが大好きですから、あながち的外れな回答ともいえません。子どものころ「水たまりにはまることにはまっていた」というわけです。相手の反応次第ですが「？」の後にすかさずそっちのフォローを入れるとよりその場も和やかになるでしょう。

「社会に対する不満はありますか？」

「先生がアホ」

これも質問の意味をわざと取り違えるパターンですが、単純なボケのようでいて、あんがい的を射た回答になっています。

世の中という意味での「社会」への不満を聞かれたのに、学校で習う「社会科」への不満として、社会の先生がアホで困りますとボケて笑いをさそっているわけです。

先生という言葉は学校の先生だけではなく政治家なども含みますから、「先生がアホで」と言えば、政治家にもっとしっかりしてもらわねば困りますね、といった解釈も可能です。結果として「社会への不満はあるか」という相手の質問にきちんと回答していることにもなっています。ボケがうっかり真理に迫ってしまうというパターンは、笑いにとって理想形のひとつでもあります。

「次の会議っていつだっけ？」
「ジュネーブの？」

相手がたずねているのは社内の企画会議か何かのスケジュールなわけですが、会議と聞いて思い浮かぶ一番対極にありそうな会議と勘違いして返します。社内の日常的な会議の対極にあるのはきっと世界六〇か国以上が参加するジュネーブ軍縮会議でしょう。

言い方としては、あたかも毎回そこに参加しているかのように、特別感は出さず、「あっ、ジュネーブのやつね。ちょっと待ってな、今調べるから」と自然体でボケるのがポイントです。

「一番好きな映画は何ですか？」
「黒澤明の『ゴジラ』です」

この手の質問は、ふつうに答えようとしてもなかなかむずかしいものです。

僕も好きな映画はたくさんありますが、一本に絞るなんてとてもできないし、そのときの気分によっても変わります。それなのに世の中の人は、映画に限らず音楽でも本でもなんでもかんでも「一番好きなものを今ここで決めて答えろ」という難題を悪気なく気軽にぶつけてきます。

そのナンセンスさを真正面から指摘するのではなく、暗に知らせるための、ボケ返しがこの回答例です。

この答えに対してたいていの人は「え？　黒澤はゴジラの監督してないですよ」と、バカなんじゃないの？　といった冷笑を浮かべながら言ってくるはずです。

そこですかさずこう返します。「もちろん黒澤明監督は『ゴジラ』を撮っていません。でもそんな映画が存在していたらきっと一番好きな映画です」。

そんな夢のある空想で返すことで、質問者の冷笑が一気に暖笑に変わるはずです。

「一番好きな曲は何ですか？」

「タイトルが思い出せないんですが、スズムシの、ほら、あの一番有名な曲」

好きな音楽についての質問も、映画と同じ理由から、しばしば返答に困ります。映画と同様、夢のある空想で「ビートルズのイマジン」（ビートルズが解散していなかったらイマジンもビートルズの演奏でリリースされていたはず）と答える手もありますが、逆に誰もが知っている音を「音楽」「曲」として挙げて答えるのも乙なものです。

「ほら、サビのところがリリリリリーンリリリリリーンのあの名曲ですよ」。

「野球はどこのファンですか？」

「生粋のメッタ・フランキューズファンです」

ここまで極力ウソを排除し、ボケつつも誠実さのある回答を心掛けてきましたが、ついにまったくのでたらめを言ってしまいました。

というのも、僕は野球に興味がないのです。それなのに大阪人というだけで阪神ファンと決めつけられ、当たり前のように阪神の話を振られるのです。とくにタクシーに乗った時など、僕が大阪弁をしゃべる人間と気づくやいなや、開口一番「今年は阪神強いですね」。知らんがな〜です。

そんな既成概念の押し売りに対しては、ボケで対抗です。

「ピ・リーグではメッタ・フランキューズですけどソ・リーグで好きなのは奈良センジユカンノンズですね。エースの観音兄はすごいですよね。いっぺんに千球投げてきますからね。あれはボークなんじゃないかと問題視されていますけど、運転手さんはどう思います？　僕はあれはあれでありなんじゃないかと思ってますけどね。運転手さんはあれですか？　やっぱり一球ずつのパターンがお好きですか？」

「昔、悪かったでしょ」

「大したことないですよ。民族を一つ消滅させた程度です」

こういう質問に対しては誰が聞いてもウソだとわかる極端なウソで返すパターンがよさそうです。

暴走族に入っていたとか、学生時代番を張っていたとか、若かりしころのやんちゃぶりを武勇伝のように誇らしく語るのは限りなくダサい行為ですので、仮に本当だったとしても口に出してはいけません。

事実を語るのではなく、もう歴史に残るくらいの大悪行を成し遂げたとアピールしてみましょう。

「あの頃はもう、ムチャしてたね〜。ノリでマヤとか終わらしちゃったりしたもんな〜。今思えばホント悪いことしたな〜って」くらいの極端なファンタジーを「〝あの頃の話〟をするテンション」でふつうに語れば笑いになります。

〈実践！ 写真で一言〉

ここからは「写真で一言」の実践編です。

「写真で一言」は、じっくり考えて答えを練るよりも閃きと瞬発力が大事なので、編集者が持ってきてくれた写真に対して、その場で即興で答えました。さらに、なぜその回答に至ったのか、思考のプロセスを解説として付記しておきます。

それでは、次のページからスタートです。

お題です。

待たせたな　小次郎

【解説】

「宮本武蔵です。二刀流です。巌流島です。

佐々木小次郎との世紀の決闘に際して、武蔵はその出で立ちをああでもない、こうでもないと、相当悩んで、こんがらがって、とうとうこんなことになっての登場。そりゃあだいぶ遅れるわ」

パッと見てこれがそのものではなく違う何に見えるか——まずそこを捉えにいきます。

他の典型的な何かに見えないか？ この場合は誰もが知っている有名な歴史的シーンが思い浮かびました。二本の長い物を持った有名人といえば宮本武蔵です。

この写真の人物はどう見ても日本人にも侍にも見えない、しかし両手に長い物を持っている。だからそれは宮本武蔵以外に考えられないというアホ感覚に没頭し一言に集約しています。

それでは、次のお題です。

二人とも「つ」やってどうすんねん!
お前は「る」やろが!

【解説】

この写真の直前にはこういうやりとりがあったのでしょう。

鶴A：お、人間がこっちカメラ向けとる
鶴B：ほんまや
鶴A：シャッター切る瞬間に粋なことしてびっくりさせたろか
鶴B：ええな
鶴A：わしらは～
鶴A・鶴B：（同時に）せえの！
鶴A：二人とも「つ」やってどうすんねん！

二羽の鶴の写真なので、二者の会話にしたい写真です。
一体どんなやりとりが一番アホなのかを考えます。
考え方の一つに鶴を鶴以外のものに見立てる方法があります。倦怠期の夫婦に見立てるのか、上司と部下の不倫カップルに見立てるのか、某国のスパイ同士に見立てるのか、いろいろ見立てられると思いますが、その見立てた関係性で交わされそうな典型的な会話を入れれば比較的簡単に笑いを取れるはずです。

ですが、今回例に挙げた答えはそれとはまた別の展開で、あくまでも鶴にこだわった鶴ならではの答えです。

せっかく両方の鶴の首がひらがなの「つ」、つるの「つ」状態になっていたので、それを見逃す手はないと思いました。これは鶴の漫才のボケの瞬間だなと。

このやりとりの後こう続きます。

鶴B：「る」は無理やろ！　死んでまうわ！

それでは、次のお題です。

កុំមកម្តងទៀត។ー!!

（訳：二度と来んなよー!!）

【解説】

まず、彼らがどういう集団なのかを考えました。家族や近所の人などではなく、一番それっぽくない集団の名称をぽんと出せれば、きっと笑いが生まれます。

その線でまず浮かんだのはちょっとベタですが「秋元康プロデュース　ＭＢＣ（水浸し）48」でした。

これはこれでシンプルな回答かなと思いますが、せっかくなのでもう一案と思い、今度は「彼らが何を言っているか」というアプローチで考えてみることにしました。

これもやはり、一番それっぽくないせりふを言わせるのがいいでしょう。

人懐こそうな笑顔を浮かべている彼らが絶対に言わなそうなせりふは何か。そこで「二度と来んなよー!!」です。彼らは、外国人である撮影者にはどうせわからないだろうと高をくくり、笑顔で見送るふりをしながら現地の言葉で「二度と来んなよー!!」と罵倒しているのです。

「ＭＢＣ48」も「二度と来んなよー!!」も、写真から受ける印象とはまったく違う視点を提示し、意外性で笑いをさそうパターンです。

この二案のうち後者を正式に採用したのは、写真の集団と撮影者との間にいったい何があったのかと、背景のストーリーを想像させる余地が生まれるからです。

貧しい地域にブルジョアの外国人がやってきて、偽善丸出しで寄付だと言って何かぽんと置いていったけど、全然気の利いていないものばかりだった――。

一瞬で笑える答えもいいですが、奥に何か深いものがありそうだと想像させる答えが個人的には好きです。

それでは、次のお題です。

「ほな、三万で！」

【解説】

僕には左のリスが右のリスに何かをささやき、穴から出ようとするのを引き止めているように見えました。

では左のリスは何と言っているのか？

その一言から、二匹の関係性や背景が垣間見えるような回答がいいだろうと考えました。それも、細かく説明することなく一言でバシッと伝わるようなせりふを提示できたらベストです。

指に注目しました。引き止めているほうのリスが出している指の数は3本。これはきっと値段交渉だと。そう思うともうそれにしか見えなくなってきます。

たぶん、右のリスは五万のところを二万に値切られたのでしょう。それで「やってられへん」と帰ろうとしたところ、必死で止められてこの状態です。

別案として「ちょっと待ってください、私、犯人見たんです」という回答も浮かびました。

この木の幹の内部で殺人事件が起こり、探偵である右のリスは関係者全員から話を聞いてみたものの、とりたてて収穫がなかったので、いったん現場を離れて事務所に戻ろうとしている。かたや左のリスは、決定的な瞬間を目撃していたのだが、みんながいる中で聞き取り調査に応じるのははばかられ、探偵が一人になる瞬間を待っていた。

そして今まさにそのチャンスが訪れたので、あわてて「ちょっと待ってください」と、ささやき声で探偵を引き留めた——。

「ちょっと待ってください、私、犯人見たんですっ」という一言からは、ざっとこれくらいのバックグラウンドを想像できるのではないでしょうか。

どんなせりふを言わせてもそれなりにおもしろくなりそうないいお題だと思いますが、ひとつだけ気を付けたいのは、この二匹の関係性を親密なものにしないことです。

ぴったりと体を密着させて親しげに見えるからこそ、二匹を兄弟や夫婦の設定にしてしまうとベタになります。痴情のもつれみたいな切り口にしてしまったら、意外性がありません。

それよりは、さほど親密ではない二匹が何らかの必要にせまられて体を密着させているというシチュエーションにしたほうがおもしろい。

それも、取引や探偵といったリスの世界にはない概念を持ち込んで、二匹がなぜ密着することになったのかを想像すれば、間違いなく意外性のある回答ができあがります。

第5章　笑いの「きょうよう」

モンティ・パイソンの衝撃

今日の豊かなお笑い文化は、多くの先人による笑いの発明の上に築かれています。そうした歴史を知ることは、笑いとは何かを理解する一助になるでしょう。

本章では、現代の笑いに大きな影響を与えた人物や、笑いを表現する媒体としての漫画史、そして今後生まれるであろう新しい笑いの可能性について述べていきたいと思います。

まず紹介したいのは、イギリスを代表するコメディグループで、一九七〇〜一九八〇年代にかけて毒の強い不条理コントで人気を博したモンティ・パイソンです。

「コメディ界のビートルズ」とも称される彼らは、それまで誰もやってこなかった笑いを次々と生み出しました。時事ネタや宗教上のタブーにも臆せず斬り込み、あれもこれもどんな話題でもコントになることを証明したのです。メンバーそれぞれが個性的で、自分たちが考えた台本を自分たちで演じることにも強くこだわりました。

彼らはアートを笑いに変えた先駆者でもあります。理解しがたい芸術をただありがたがるのではなく、わけがわからないことを逆手にとって笑いにするということも平気でやってのけました。

つまりモンティ・パイソンは既存の権威をすべて壊しながら、新しい笑いを開拓していったのです。彼らの影響は全世界におよび、現在スタンダードになっている尖った笑いのパターンの多くは、モンティ・パイソンが生み出したものだといっても過言ではありません。

日本でも一九七六年、彼らの番組『空飛ぶモンティ・パイソン』の吹替版が放送されました。僕は中学二年のときにその番組と出会い、たちまち夢中になりました。友人の家に入りびたり、「温故知新ごっこ」など一風変わった遊びをするようになったのも、仲間を集めてモンティ・パイソンのような集団になりたいと思ってのことでした。

僕は彼らのコントそのものというよりも、その根幹にある、コントづくりへの姿勢に強く感銘を受けました。

人と違う視点をたくさんもっていて、予想を裏切る展開をじゃんじゃん入れてくる。世の中のすべてをシニカルに見て、それをシンプルに〝アホ化〟する。アートから政治まで、ご法度を無視してすべてを笑いにしていく——。

モンティ・パイソンからは、実に多くのことを学びました。

音楽と笑いの密な関係

僕の幼少期である一九六〇年代は、テレビが娯楽の王道になった時代でした。今と違って規制もゆるかったため、テレビの世界はエロから前衛まで何でもありで、視聴者は、そのカオスの中からおもしろいと思うものを選択して視聴していました。

ものごころついた僕が最初に好きになったテレビスターはクレイジーキャッツでした。ジャズミュージシャンでありコメディアンでもある彼らは、かっこよく演奏しながら冗談を飛ばしてお客さんを笑わせていてとてもクールだったのです。僕にとって、音楽と笑いは最初からセットでした。

あとになって歴史を紐解いてみれば、そもそも音楽と笑いは切っても切れない関係であることがわかりました。たとえばチャップリンは映画の音楽を自分で作曲していたし、日本の喜劇王エノケンも、海外のジャズの名曲に勝手な日本語の歌詞をつけて歌っていました。それは、彼らが音楽も笑いの表現の一部だと考えていたからでしょう。

当時の僕はそんなことは知らなかったものの、クレイジーキャッツのおかげで、音楽も笑いも同じ感覚で好きになりました。彼らの突き抜けた笑いは、間違いなく僕の原点になっていると思います。

その後も、ザ・スパイダースやザ・フォーク・クルセダーズなど、コミカルな要素をもったミュージシャンが続々と登場しました。

ザ・スパイダースは、グループサウンズの中でも群を抜いて優れたバンドでした。何しろ構成がおもしろい。一流のメロディーメーカーであるかまやつひろしがいるかと思えば、喜劇役者を父にもち、コメディ色の強い堺正章や、顔がポール・マッカートニーに似ているというだけで呼ばれた井上順もいる。音楽の才能がある五人と、お笑い担当の二人によるコミカルなやりとりは絶妙で、本当に大好きでした。

ザ・フォーク・クルセダーズのデビューシングル『帰って来たヨッパライ』も衝撃的でした。酔っぱらい運転で事故死した「オラ」が、天国でも酒と女にうつつを抜かしていたら、神様に追放されて現世に戻ってきた——という奇想天外な歌詞が、テープの早回しによる高音ボイスで歌われる。そんなインパクトのある歌は後にも先にもこれしかないし、なんじゃそりゃと思いながらもめちゃめちゃ好きになりました。

僕がはまったこの二つのグループには、笑い以外に、もうひとつ共通点がありました。ビートルズです。

ザ・スパイダースがビートルズに触発されて結成されたのは当然の話ですが、実はザ・フォーク・クルセダーズもビートルズの影響を強く受けていて、『帰って来たヨッパライ』でもビートルズを二か所引用しています。間奏で『Good Day Sunshine』を模しているのと、最後に流れるお経が、よく聴くと『A Hard Day's Night』の歌詞になっています。完全にビートルズで遊んでいるわけです。

そのビートルズ自身も、何を言うとんねん！とツッコみたくなる、ツッコんで思わず笑ってしまう曲をたくさん残しています。たとえば『I Am The Walrus』は、訳すと「僕はセイウチ」。「いやいやちゃうやろ！」と。『Girl』では、コーラスで tit tit tit tit（オッパイ オッパイ オッパイ オッパイ）と言ったあと、「スゥ〜」と吸ってるような音を立てています。「おーい！ 歌で何を表現しとんねん！」と。そもそも最初のヒット曲『Please Please Me』は、「どうぞ」のプリーズと「喜ばせてくれ」のプリーズのダジャレでちょっと下ネタ。「おやじギャグやないかい！」と。

音楽と笑いは非常に近い関係にあり、境界線などあってないようなものなのです。

漫才は日本文化

あえて言うまでもなく、漫才は海外ではほとんど類を見ない、日本独自の文化です。海外で主流のスタンダップコメディは、一人でステージに立って自分の考えをしゃべりながら笑いを取るものであり、日本風にいえば漫才ではなく漫談です。二人以上で舞台に立つ場合は、たいていコントの形になります。

つまり海外のコメディアンは、一人で自分をさらけだすか、コントで誰かを演じるか、そのどちらかであることが多いです。

日本の漫才のように、舞台上の二人が二人とも自分をさらけだしながらやりとりを交わし笑いをとるという形式は、とても珍しいのです。漫才は、日本独特の繊細な情緒があってはじめて成り立つ文化なのかもしれません。

といっても、漫才そのものの歴史はそれほど古くはありません。

今の漫才のスタイルは、エンタツ・アチャコや秋田Aスケ・Bスケが活躍した戦前～戦後にかけて生まれたもので、その歴史はせいぜい八〇年ほどです。それ以前はお笑いといえば落語でしたが、落語もまた一人で舞台に上がって行う演芸です。

つまり二人の演者による〝さらけだし芸〟というのは笑いの表現法としてはかなり新しく、それゆえ世界中の人が取り入れるにはまだ早いのかと、漫才が世界に広まらない理由を自分なりに分析しています。

とはいえ、近年はクール・ジャパンとして日本の食や漫画・アニメが世界中に輸出されるようになり、漫才という文化が世界に出ていってもおかしくない土壌も整いつつあります。

海外のコメディアンによる漫才を観られる日も、そう遠くはないのかもしれません。

ギャグ漫画界の革命家たち

漫才に先駆けて世界で評価されるようになった漫画の世界では、笑いの表現はどうなっているでしょうか。

固定観念の枠を壊すべく新しい笑いの表現の開拓に挑んだ漫画家として真っ先に浮かぶのが先駆者・赤塚不二夫であり、その後、開拓のために格闘したのが、いがらしみきおであり、吉田戦車です。この三人の中で僕が一番好きなのは初期のいがらしみきおで、漫画を読んで声に出して笑ったのは、後にも先にも彼の作品だけでした。

いがらしみきおというと『ぼのぼの』のイメージが強いと思いますが、僕がやられたのは、それよりも前に描かれた『さばおり劇場』あたりの作品です。

そのころのいがらしみきおは、ボケとツッコミを絵で表現してくれる数少ない漫画家で、空中を飛ぶようにずっこけたり、鼻水・ヨダレを垂れ流しながらツッコミを入れたりと、有無を言わせぬスピード感と跳躍感がずば抜けていました。当時、圧倒されながら読んだのをおぼえています。

彼の前に一時代を築いた赤塚不二夫は「言わなくてもわかるだろう」というスタンスでシュールなギャグを投げっぱなしにする作家だっただけに、いがらしみきおの輪郭がはっきりした作風は新鮮に映りました。

過激なギャグと意外性のある展開が持ち味だったいがらしみきお漫画でしたが、その作風は徐々に変遷し、『ぼのぼの』では哲学的な笑いという新境地に至りました。漫画、漫才、音楽、芸術、どんな分野もそうですが、ある一定のレベルを超えると、その分野の枠を超えてジャンルレスになっていくのです。

ギャグ漫画だからこそできること

いがらしみきおが哲学方面へシフトしていったころ、かつてない新しい視点から笑いを描く作家が登場しました。それが吉田戦車です。従来はギャグの対象にならなかったような部分を取り上げて「この角度おもしろいでしょう?」と提示し、読者に「わかるわかる」と言わしめることに成功した人です。

吉田戦車の登場は、ダウンタウンが新しい笑いを次々と生み出していった時期とちょうど重なります。おそらくダウンタウンは吉田戦車を読んでいなかったでしょうし、吉田戦車がダウンタウンを意識していたかどうかもわかりませんが、漫才界と漫画界でほぼ同時期に大きな革命が起きていたのです。僕はその両方を見ていて、おもしろいことが始まったぞとワクワクしていました。漫画には、漫才・コントにはない利点があります。それは、どんな非現実的なシチュエーションでも気軽に描けることです。

漫才やコントではそうはいきません。コント一本つくるにしても衣装や小道具にお金がかかるため、予算の都合で泣く泣く断念することもあります。その点、漫画はいい。ペン一本で、巨大ロボットも出せるし宇宙にも行けるし大爆発も起こせます。

このアドバンテージを存分に生かして作品をつくったのが吉田戦車です。彼は、現実の世界でやろうとしたらめちゃくちゃお金がかかるファンタジックな世界をどんどん漫画にしていきました。それがいがらしみきおとの大きな違いのひとつです。

『さばおり劇場』の頃のいがらし作品は日常を題材にしていたので実写コント化してもそれほどお金はかからなかったでしょうが、吉田戦車の世界観は三次元で再現しようと思ったら、小道具や美術で莫大な予算がかかる壮大な内容でした。

余談ですが、ダウンタウンもまたお金に糸目を付けない発想の持ち主でした。『ダウンタウンのごっつええ感じ』が始まった一九九一年はちょうどバブル時代で予算も潤沢にあったので、その発想を具体的に形にできました。そんなスケールの大きさも、吉田戦車とダウンタウンの共通点といえるでしょう。

漫画で漫才を描くむずかしさ

ギャグ漫画の中には、お笑いや漫才をテーマにした作品もあります。中でも有名なのは、森田まさのり『べしゃり暮らし』でしょう。僕は森田氏と親交があり、いっしょに飲んだときに聞いた話が印象的だったので、紹介したいと思います。

森田氏は松本人志ファンを公言するお笑い好きで、二〇一八年には漫画家仲間とコンビを組んでM-1グランプリに出場し、準々決勝まで残るほどのお笑いセンスの持ち主でもあります。当然ながら『べしゃり暮らし』の作中でも主人公にたくさんネタをやらせているのですが、「漫画の中の漫才で声を出すほど笑ってもらうのは正直むずかしい。笑えなくても仕方がないという前提で描いている」と話していました。森田氏ほどの漫画家でも、漫才漫画で笑いを取るのは至難のわざということなのです。

ところが、その森田氏が悔しいかな、声を出して笑ってしまった漫才漫画があるといいます。それは、フリップ大喜利をテーマにした長田悠幸『キッドアイラック！』だったそうです。

飲み会の席には、その長田氏も同席していました。先輩である森田氏から「漫画の中の漫才的なことで笑うことなんてまずないと思っていたのに、思わず笑ってしまった。悔しいわ〜」と伝えられ、大いに恐縮しながらも喜んでいたのが印象的でした。

実は僕も、板尾創路氏からおもしろい漫画があると教えてもらって『キッドアイラック！』を読んでいました。フリップ大喜利の大会に青春をささげるなんてアホな漫画やな〜というのが第一印象でしたが、たしかにおもしろい発想だなと思いました。

なお、M-1グランプリ出場にあたって森田氏の相方をつとめた漫画家仲間とは、ほかでもない長田悠幸氏です。

「ダウンタウン前」と「ダウンタウン後」

日本におけるお笑い史を語る上で、避けては通れない金字塔がダウンタウンです。彼らが登場する前と後とでは、日本のお笑い界はまったく違うものに変質しました。お笑い好きな読者にとっては言わずもがなかもしれませんが、当時を知らない若い方のために、ダウンタウン出現の衝撃についてざっと振り返りましょう。

ダウンタウンはいくつもの発明を成し遂げましたが、なかでも最高の発明は「観念で笑わせる」という芸を確立したことでしょう。

しかも、彼らはそれを大阪弁でやってのけました。それまでハイセンスなネタは標準語でやるものだと相場が決まっていたのですが、ダウンタウンはその常識を裏切って、ベタベタな大阪弁の会話でシュールを展開していったのです。

たとえば、松本氏がネタの途中でいきなり「このクイズに答えたら二倍になります」と言い出す漫才があります。

主語も説明も何もなく、いきなり「二倍になります」です。

ツッコミの務めとして浜田氏が「何が?」と聞くと、返ってくる答えは「私が」――。これはもう、シュールを超えてファンタジーの世界です。そんなふうに日常会話でファンタジーをやる漫才など、それまで誰も見たことがありませんでした。

見たことがないものを見せてくれるというのは、アートだと思うのです。「二倍になります」「何が」「私が」と言われたら、視聴者は松本氏が二倍になった姿を想像せざるを得ません。しかし、「私が」というボケを聞く前は、いったい誰がそんなことを想像できたでしょう。

誰の頭の中にも存在しなかったイメージを、ゼロから想起させる。そんな限りなくアートに近い仕事を、ダウンタウンはさらりと当たり前のようにやったのです。ボケとツッコミそれぞれの役割を本当の意味で確立したのも、ダウンタウンが最初ではないかと思います。

もちろん、それまでもボケとツッコミという概念は存在していましたが、一九八〇年代の漫才ブームのころまで、ツッコミは〝合いの手〟とほぼイコールでした。相方がボケた後で「何でやねん」「いいかげんにしなさい」などと言ってリズムをつくる役割で、ツッコミ自体がおもしろい必要はそれほどなく、重要な仕事は次の展開に進むための句読点でした。

ダウンタウンは、ツッコむことでボケがよりおもしろくなるという構造を明確につくりだしました。

はじめての方向から飛んでくる高度なボケを、「ここがふつうとちがうポイントですよ」とツッコミで指し示すのです。一瞬「えっ？」と戸惑うような誰にも予測できない松本氏のボケを、浜田氏は翻訳して伝えているのです。このツッコミが入ることで、見ている人は直前のボケの面白みを瞬時に理解できて笑えます。ツッコミがなければ、ほとんどの人は理解できなかったでしょう。

トーク番組をお笑い番組に変える男たち

『ダウンタウンＤＸ』は、彼らのコンビネーションがトークのなかで生きる構造になっている番組です。

ほとんどの視聴者は、この番組をお笑い番組として見ていると思いますが、『ダウンタウンDX』はお笑いに特化した番組ではありません。メインはあくまでもゲストのエピソードトークです。

近年の『ダウンタウンDX』は不特定多数のゲストを招いて進行していますが、放送開始直後は大物ゲスト一名を呼んでじっくり話を聴くという『徹子の部屋』形式で、記念すべき第一回目のゲストは菅原文太さんでした。

このシチュエーションなら、極端な話、司会者は特別なことをしなくても、文太さんがいかにすごい人であるかを聞くだけで番組は成立します。

しかし、笑いのために生きてきたこの番組のMCの二人は、そんな番組をやりたいはずもない。どんな状況だろうが、何が何でも笑わせなければ気が済まない。ゲストがどんな重鎮で、どんなシリアスなエピソードを語ろうが、絶対に笑いにする。もちろん、菅原文太という大御所中の大御所を迎えたその時も、20代のこの二人のMCは失礼の極限を飛び超えて異次元的笑いを生み出しました。

どんなことでも必ず笑いに昇華させていく二人がホストのこの番組では、ゲストは気軽に自分のおいしいところだけをしゃべればいいのです。どう転んでも、ダウンタウンが必ずおもしろく料理してくれるという圧倒的安心感の上に成り立っているのです。

笑いがなくても成立する番組をあえてダウンタウンが仕切ったという意味では、『HEY！HEY！HEY！MUSIC CHAMP』もそうでした。

音楽番組なので、言ってしまえば、人気ミュージシャンが人気のある曲を歌いさえすれば成立するはずです。それを、笑いがなければやっていられない二人に自由にまかせてみたのです。当然、それまで誰も見たこともない斬新な音楽番組となりました。

ダウンタウンの二人は、ふつうの音楽番組では絶対に引き出すことができないミュージシャンの顔をどんどん引き出していったのです。

追随者になるな、先駆者であれ

日本の笑いに革命を起こしたダウンタウンですが、みずからの笑いをパターン化しなかったというのも特筆すべきポイントです。

いくらウケがよかったネタでも、そのパターンをあえて繰り返さないというストイックさが彼らにはありました。ダウンタウンは0を1にすることには興味があっても、1を擦って、2、3、4……と薄めていくことには無関心だったのです。

ダウンタウン出現後の日本には、彼らが登場するまで存在すらしていなかった笑いのパターンがあふれています。

僕はつねづね「ダウンタウンはお笑い界のビートルズだ」と言っているのですが、そういう意味でもダウンタウンは実にビートルズ的です。

ビートルズは自分たちの音楽をパターン化することをよしとしませんでした。

そして彼らに憧れて音楽をはじめたミュージシャンたちが、ビートルズの産み落とした万華鏡のような原資を培養して自分たちの音楽として世にあふれさせていったのです。

僕は二〇代の後半にダウンタウンと出会い、松本氏と密に仕事をするようになりました。以来、誰もやったことがない新しい笑いを躍起になって追求してきました。この三次元の世界では、もう新しいパターンは残っていないのではないか？ と思えるくらい、それこそアホみたいに徹底的にそのことばかりやってきました。

ビートルズはエルビス・プレスリーに憧れて音楽をはじめましたが、彼らはプレスリーの音楽を絶対視しませんでした。彼らの合言葉は「プレスリーを超える」だったそうです。その発想は当時「そんなアホな。そんなことできるわけないやん」と一笑されたといいます。

追随者になるな、先駆者であれ。

ダウンタウンやプレスリーに共通するのは、その精神なのだと思います。

笑いとアートと世界平和と

かつて僕は、ダリやマグリットの作品で笑わせてもらいました。

「なんやこれ！」「見たことない世界やな！」「アホやん！　最高‼」とおもしろがった経験が、プロのお笑い作家としての原点になっています。

そこからヒントをもらって、日本の笑いにおける新しい発明や装置をいろいろとつくってきました。こうやって来た道を振り返ってみると、笑いとアートの境界線のうえをひた走ってきたような気がします。

そんな僕の次なる目標は、笑いとアートをつなぐこと。

アートは、己の表現を追求し、どれだけ人をあっと言わせられるかという、いわば大喜利的なものだと思います。根っこは、笑いのあるべきかたちと同じです。

王道をなぞって満足していては新しいものは生まれません。

今のお笑い界を見ていると、笑いとアートをつないでいくことは、新しい笑いが生まれてくるのに不可欠な条件にも思えてきます。

そして、新しい笑いこそが世界平和をもたらすと、僕は本気で信じているのです。

笑いをローマ字で表記してみてください。

ＷＡＲＡＩ
ＷＡＲ（戦争）↓ＡＩ（愛）

そうなのです！

笑いには、「戦争」を「愛」に変える力があるのです！

ややこじつけ感はありますが、このことに気づいたとき「やっぱりね」と僕は納得し、感動しました。

だから、みんなでボケたりツッコんだり、うまいこと言ったりして生きていきましょう。なんでもおもしろがれる目を養いましょう。

そして「これ、おもろいなあ！」と気づいたことがあれば、独り占めしないでみんなでシェアしていきましょう。

「笑い」は世界平和につながっているのだから。

笑い論

24時間をおもしろくする

著者　倉本美津留

２０１８年12月25日　初版発行

倉本美津留（くらもと みつる）
放送作家。『M-1グランプリ』『ダウンタウンＤＸ』『シャキーン！』『浦沢直樹の漫勉』ほか、数々のテレビ番組を手がける。これまでの仕事に『ＥＸテレビ』『ダウンタウンのごっつええ感じ』『一人ごっつ』『松ごっつ』『伊東家の食卓』『たけしの万物創世記』ほか。著書に『ことば絵本 明日のカルタ』（日本図書センター）、『倉本美津留の超国語辞典』（朝日出版社）など。ミュージシャンとしても活動。

写真：Splash/アフロ（Ｐ１４３）Nature in Stock/アフロ（Ｐ１４７）John Warburton-Lee/アフロ（Ｐ１５１）Nature in Stock/アフロ（Ｐ１５５）提供：akg-images/アフロ・©ADAGP,Paris&JASPAR,Tokyo,2018C2460（Ｐ２）Artothek/アフロ・©Salvador Dali,Fundacio Gala-Salvador Dali, JASPAR Tokyo,2018 C2460（Ｐ54）akg-images/アフロ（Ｐ55）

JASRAC　出　1813184-801

発行者　横内正昭
編集人　内田克弥
発行所　株式会社ワニブックス
〒１５０-８４８２
東京都渋谷区恵比寿４-４-９えびす大黑ビル
電話　０３-５４４９-２７１１（代表）
　　　０３-５４４９-２７３４（編集部）

協力　本多アシタ（ニンポップ）
カバーデザイン　小口翔平＋喜來詩織（tobufune）
帯デザイン　橘田浩志（アティック）
写真　アフロ
校正　玄冬書林
取材協力　「お笑い相談所」（銀座九劇アカデミア）
編集協力　武政由布子／山田泰造（コンセプト21）
編集　内田克弥（ワニブックス）

印刷所　凸版印刷株式会社
ＤＴＰ　株式会社 三協美術
製本所　ナショナル製本

定価はカバーに表示してあります。

ISBN 978-4-8470-6617-7
ワニブックスHP　http://www.wani.co.jp/
WANI BOOKOUT　http://www.wanibookout.com/